Leggere i Classici

This book is due for return on or before the last date shown below.

28·4·15

WITHDRAWN

Niccolò Machiavelli

Il Principe

ARNOLDO MONDADORI
EDITORE

© 1994 Arnoldo Mondadori Editore S.p.A., Milano

I edizione Oscar classici ottobre 1986
I edizione Oscar Leggere i Classici febbraio 1994

ISBN 88-04-37997-9

Questo volume è stato stampato presso
Arnoldo Mondadori Editore S.p.A.
Stabilimento Nuova Stampa – Cles (TN)
Stampato in Italia – Printed in Italy

Ristampe:

5 6 7 8 9 10 11 12 13

1998 1999 2000 2001

Il nostro indirizzo internet è:
http://www.mondadori.com/libri

Niccolò Machiavelli

La vita

Tra i grandi scrittori italiani Machiavelli è quello sulla cui giovinezza le informazioni sono più scarse. Niccolò nasce a Firenze il 3 maggio 1469, da Bernardo di Niccolò di Buoninsegna, dottore in legge e poi tesoriere della Marca, discendente da una famiglia inurbata da Montespertoli nella val di Pesa, che nel 1300 e 1400 aveva dato a Firenze priori e gonfalonieri, e da Bartolomea Nelli, donna non priva di cultura se è vero che le vengono attribuiti capitoli e laudi sacre. Nell'Albergaccio, la casa di famiglia di Sant'Andrea in Percussina, nell'architrave della porta c'è lo stemma dei Machiavelli: una croce latina, dalla cui commessura si irradiano i chiodi della passione, i "mali clavelli" o "mal chiovelli", da cui il casato avrebbe preso il nome.

Niccolò è il primo maschio dopo due femmine, Primavera e Margherita, e prima di un altro maschio, Totto, che seguì la carriera ecclesiastica, in una famiglia che ricca non era davvero. "Io nacqui povero e imparai prima a stentare che a godere" scriverà all'amico Francesco Vettori nel 1513.

Meravigliose avventure costituivano per il ragazzetto le scorribande per i boschi di Sant'Andrea, nella povera villa paterna o sulle mura di Montebuiano in Mugello. Poco si sa della sua formazione culturale. Nel 1480 comincia a studiare l'abaco, cioè l'aritmetica, e a comporre in lingua latina. Gli è maestro Paolo Sasso da Ronciglione, umanista di una certa fama. Probabilmente conobbe poco o nulla il greco: alla conoscenza di Platone, Aristotele, Senofonte, Tucidide, Polibio giunse attraverso traduzioni latine o italiane. Ebbe, invece, grande familiarità con gli scrittori latini, non soltanto storici e filosofi (Livio, Tacito, Cicerone, Plinio) ma anche poeti come Lucrezio, Virgilio e, in particolare, Ovidio.

Per un giovane della sua condizione che, come egli stesso ci fa sapere, poco si intendeva di mercatura, non si offriva nella Firenze del tempo altra possibilità se non quella di una carriera nei pubblici uffici; e infatti nel giugno 1498 entra al servizio della Repubblica in qualità di segretario della seconda cancelleria, forse per interessamento di Marcello Virgilio Adriani, suo maestro di greco e latino, primo segretario della Repubblica. Da pochi giorni si sono consumati la disgrazia e il rogo del Savonarola.

Al servizio della cancelleria e dei Dieci, svolgendo un ruolo molto simile a quello di ambasciatore, Machiavelli rimarrà per quattordici anni, fino alla restaurazione della signoria medicea nel 1512, che segna una cesura netta nella sua vita. In questo periodo alternò diversi compiti d'ufficio con frequenti missioni presso le corti e i potenti dell'epoca, in Italia e all'estero. Le più importanti sono quelle francesi del 1500, 1503 e 1510; quella presso Cesare Borgia, il duca Valentino, del 1502, principale fonte d'ispirazione del *Principe*; quella romana del 1503 presso il conclave da cui uscì eletto Giulio II; e quella presso l'imperatore Massimiliano del 1507-1508. Altre, di minore impegno, lo vedono presso la bellicosa Caterina Riario Sforza, signora di Forlì, a Siena da Pandolfo Petrucci e alla corte di Mantova.

Queste missioni e, più in generale, la sua attività pubblica rappresentano per Machiavelli uno stimolo allo studio di fatti e personaggi politici, e forniscono lo spunto e la materia di una serie di scritti, in un indistricabile intreccio di teoria e prassi. Tali, per esempio, il *Discorso fatto al magistrato dei Dieci sopra le cose di Pisa* (1499), la *Descrizione del modo tenuto dal duca Valentino nell'ammazzare Vitellozzo Vitelli, Oliverotto da Fermo, il signor Pagolo e il duca di Gravina Orsini* (1503), la *Relazione del modo di trattare i popoli della Valdichiana ribellati* (1503), il *Ritratto di cose di Francia* (1510) e il *Ritratto delle cose della Magna* (1512).

Intanto, nel 1501, aveva sposato Marietta Corsini, da cui ebbe cinque figli (Bernardo, Lodovico, Pietro, Guido e Bartolomea).

La partecipazione all'esperienza pratica nelle più varie forme, dagli incarichi pubblici agli amori, ai sollazzi e perfino agli "ingaglioffamenti" della vita privata, e la meditazione sui gravi problemi della vita e della storia: tra questi due poli si svolge, con ritmo alterno, la vicenda biografica del Machiavelli.

Il 1512 è l'anno cruciale. Con il ritorno dei Medici a Firenze viene rimosso dal suo ufficio e confinato nel contado. Nel 1513, sospettato di complicità nella congiura di Agostino Capponi e Pietropaolo Boscoli, è imprigionato e torturato "con sei tratti di fune". Dopo 22 giorni di prigionia, amnistiato per l'elezione a papa del cardinale Giovanni de' Medici, Leone X, si ritira nella casa avita di Sant'Andrea in Percussina, a due passi da San Casciano.

È l'inizio della stagione più feconda ed esaltante del Machiavelli scrittore. Nascono il *De principatibus*, ovvero *Il Principe*, tra il luglio e il dicembre 1513; i *Discorsi sopra la prima deca di Tito Livio* (1513-1519). Scrive l'*Asino d'oro*, un poemetto autobiografico-allegorico in terza rima rimasto incompiuto, e frequenta a Firenze, una volta allentatasi la morsa del confino, le riunioni degli Orti Oricellari, i giardini di palazzo Rucellai, un cenacolo di letterati e uomini d'armi e di toga. Al 1518 si deve assegnare la *Mandragola* e forse anch'essa fu letta agli Orti prima che recitata. Poi Machiavelli attese ai dialoghi dell'*Arte della guerra* e approfittò di una commissione di poca importanza del governo mediceo a Lucca per scrivere di getto la *Vita di Castruccio Castracani*. Più gradita gli fu certamente nel 1520 la nomina a storiografo ufficiale della Repubblica fiorentina. È la volta delle *Istorie fiorentine*, otto libri in tutto, che lo impegnano per cinque anni. Mette mano anche alla *Clizia*, un'altra commedia (1525).

Gli eventi, intanto, precipitavano. Gli eserciti imperiali minacciavano la Romagna e lo Stato pontificio. Machiavelli ritorna alla sua idea di una milizia territoriale, uno dei suoi chiodi fissi fin dagli anni della cancelleria, che sottopone a Roma al papa Clemente VII Medici. Purtroppo, i Lanzichenecchi sono già alle porte. Il 6 maggio 1527 Roma cade ed è saccheggiata.

Tornato a Firenze, Machiavelli si prodigò a far fortificare Firenze, e fu eletto provveditore e cancelliere dei cinque Procuratori delle Mura.

La rovina di Roma e del papa mediceo segna anche quella di Firenze. Nel maggio 1527 i Medici furono cacciati e Machiavelli, nella scomoda posizione di simpatizzante della signoria, finì sconfitto nell'elezione a segretario dei Dieci della riformata repubblica. Il nuovo governo cittadino lo privò di ogni carica. Era il colpo finale.

Ormai vecchio, stanco, deluso, Machiavelli morì o si lasciò morire il 22 giugno 1527 e l'indomani fu sepolto in Santa Croce. Aveva 58 anni.

Così scriveva il figlio Piero a Francesco Nelli: "Non posso fare a meno di piangere in dovervi dire chome è morto il dì 22 di questo mese Nicholò, nostro padre, di dolori di ventre, cagionati da uno medicamento preso il dì 20. Lasciossi confessare le sue peccata da frate Mateo, che gl'a' tenuto compagnia fino alla morte. Il nostro padre ci a' lasciato in somma povertà, come sapete..."

Le opere

Se il 1512, con la restaurazione della signoria medicea, segna un punto di svolta nella vita di Machiavelli, dall'altare alla polvere, lo stesso vale per la sua produzione letteraria. Di qua le opere d'occasione, riflessioni anche acute ma indissolubilmente legate alla cronaca, transeunti, come, oltre a quelle già citate, *Parole da dirsi sopra la provisione del danaio* o il *Discorso dell'ordinare lo stato di Firenze alle armi*; di là le opere mature, risultato di un lavoro intellettuale complesso e sofferto, immortali, come *Il Principe*, che rappresenta il suo capolavoro per sintesi e profondità. Al punto che l'impressione generale derivante dalla lettura delle pagine e delle opere machiavelliane successive è pur sempre quella di una certa dispersione o, meglio, di quella deconcentrazione che segue uno sforzo in cui si sono profuse senza risparmio tutte le proprie energie.

Il 10 dicembre 1513 Machiavelli poteva annunciare in una famosa lettera all'amico Francesco Vettori di avere composto "uno opuscolo" *De principatibus*, nel quale si era impegnato "nelle cogitazioni di questo subbietto, disputando che cosa è principato, di quali spezie sono, come e' si acquistano, come e' si mantengono, perché e' si perdono".

Il punto di partenza è in questo caso l'esperimento audace di Cesare Borgia, il duca Valentino; il suo tentativo di creare, con un'azione diplomatico-militare, un forte stato nell'Italia centrale, una struttura più moderna ed efficiente di quelle esistenti nell'Italia quattro-cinquecentesca. Tentativo con il quale Machiavelli si era confrontato di persona durante la sua missione del 1502. Ma è solo lo spunto di un'opera che diventa anche e soprattutto un sofisticato trattato di teoria politica, dove si afferma esplicitamente il valore autonomo dell'agire politico, che è distinto dalla moralità e mira all'ottenimento dell'utile dell'individuo e dello stato anche contro i principi tradizionali della giustizia e della bontà.

L'interpretazione machiavelliana della realtà nel *Principe* ruota intorno a tre concetti: *virtù*, *fortuna*, *occasione*. Del primo Machiavelli accoglie l'accezione umanistica: virtuoso è chi piega la fortuna alla propria volontà. Virtù per lui è sinonimo di energia: abilità nel sapere conseguire il fine che l'uomo si pone. Allora, è la virtù quella che da sola crea la storia? Machiavelli non se la sente di rispondere affermativamente. Ed ecco introdursi nel suo pensiero il concetto di fortuna, talora concatenamento di eventi che, se non travolge la volontà dell'uomo, certo la limita; talaltra, ignoto influsso di forze invisibili contro le quali l'uomo nulla può; ancora, "fiume ruinoso" che tutto abbatte nella sua furia, forza cieca, al di là della razionalità umana. Tra *virtù* e *fortuna* si insinua poi il terzo concetto fondamentale, quello di *occasione*. La fortuna offre talvolta all'uomo l'occasione, cioè una data situazione storica su cui l'uomo può agire con la sua virtù. Sta nell'abilità dell'uomo afferrare l'occasione favorevole e servirsene ai propri fini.

In questa cornice si iscrivono i 26 capitoli del *Principe* (memorabili l'VIII, "Il delitto politico come mezzo di acquisizione del principato", e il XVIII, "La lealtà del principe"), un classico della teoria politica, oggetto nei secoli di interminabili e accese discussioni.

Se *Il Principe* è il poema della "virtù" dell'individuo, i *Discorsi* lo sono dei "buoni ordini". La successione dei buoni ordini, non la virtù del singolo, è la forza degli stati. Composti tra il 1513 e il 1519, i *Discorsi* rappresentano una fase più avanzata del pensiero machiavelliano, un virtuale superamento del *Principe*. Sono divisi in tre libri: il primo tratta della costituzione interna delle repubbliche divise, secondo la tradizione, in popolari, aristocratiche e miste; il secondo, del modo di condurre la guerra e organizzare le milizie; il terzo, delle trasformazioni delle repubbliche, del loro sviluppo e della loro decadenza. Se *Il Principe* si può definire un "libello di politica militante", i *Discorsi* sono un'opera di educazione politica che si vale dell'esperienza degli antichi e conduce a sentire lo stato nella sua immutabile eternità, al di là delle fortune dei tempi e degli individui.

Terminati i *Discorsi*, Machiavelli si accinse, tra il 1519 e il 1520, a scrivere, in forma dialogica, *Dell'arte della guerra*, un'opera in sette libri maturata nello stesso clima del *Principe*, ampio svolgimento dei capitoli centrali di questo (dal XII al XIV) e dei capitoli finali (XXIV-XXVI). L'esigenza è di dimostrare come una nuova concezione dello stato implichi una nuova idea di milizia. Uno stato deve badare a se stesso e la sua sorte non può dipendere dalle armi mercenarie o ausiliarie, sempre pericolose. L'originalità di quest'opera, che pone il Machiavelli al livello di primo teorico militare moderno fino a von Clausewitz, sta nell'interpretazione politica dell'arte militare, nel superamento del sistema feudale che privilegia la cavalleria per arrivare alla nuova concezione di milizia territoriale o popolare.

Del 1520 è anche la *Vita di Castruccio Castracani*, narrata più con intento apologetico che con fedeltà di storico. In Castruccio, signore di Lucca e Pistoia, capo ghibellino, è ritratta la figura esemplare del principe "virtuoso" secondo le aspirazioni machiavelliane.

Finalmente, nel novembre 1520, per interessamento del cardinale Giulio de' Medici, Machiavelli ebbe l'incarico di redigere "annalia et cronacas florentinas", con uno stipendio di 57 fiorini all'anno, la metà del suo stipendio di cancelliere. I soldi erano pochi, ma l'onore era quello di storico ufficiale, di continuare, cioè, l'opera dei precedenti storiografi, Leonardo Bruni, il Poggio, lo Scala, tutti primi cancellieri. Nascono le *Istorie* in 8 capitoli: i primi quattro dalla caduta dell'impero romano al 1434; gli altri "infino a questi nostri presenti tempi" (cioè fino al 1492). Le *Istorie* non sono obiettive. Come scriverà il Carducci, "sono più tosto un gran libro di dimostrazione e un'eloquente opera politica, che non una storia vera, esatta, fedele, ordinata". Del resto, come poteva il repubblicano Machiavelli elogiare i Medici?

Con le *Istorie* si chiude, nel 1525, l'arco della produzione del Machiavelli "politico". Ma accanto a questo c'è il "letterato" fine e colto, due aspetti che si intrecciano negli anni dell'esilio forzato dalla vita pubblica.

Del 1517-18 è l'*Asino d'oro*, un poemetto che si ispira nello stesso tempo ad Apuleio e a Dante. Dello stesso anno *Il demonio che prese moglie* (meglio noto come *Belfagor arcidiavolo*), una favola. Probabilmente di questo periodo è il *Discorso o dialogo intorno alla nostra lingua*, dove si dimostra che l'origine della lingua letteraria non è "curiale", ma tutta soltanto e completamente fiorentina. Del

1518, tra gennaio e febbraio, è la *Mandragola*, recitata per la prima volta nel carnevale di quell'anno, commedia-tragedia boccaccesca. La trama si annoda intorno a una beffa giocata a messer Nicia Calfucci, vecchio ricco stolto e credulone senza prole, marito della bella e onesta Lucrezia, dall'innamorato di quest'ultima, Callimaco. La *Mandragola* è un piccolo trattato di guerra erotica, che possiede *in nuce* le geometrie delle *Liaisons dangereuses* di De Laclos. Giudicata da Voltaire perfino superiore alle commedie di Aristofane, fu definita da Bontempelli "un capolavoro, forse la più grande commedia della storia d'Italia".

Di cinque anni dopo (1525) è la *Clizia*, l'altra commedia di Machiavelli, sul modello della *Casina* di Plauto, scritta in tutta fretta su commissione. Il vecchio Nicomaco, innamorato della giovinetta Clizia, allevata in casa come una figlia, è beffato dal figlio Cleandro, che gli apparecchia un tranello nel letto nuziale: al posto di Clizia andrà il servo Siro, opportunamente acconciato. In parte autobiografica (l'amore di Machiavelli a 56 anni per un'attricetta), vi scorre, annota Russo, "una vena di profonda tristezza per la passione tardiva di un vecchio impaziente d'amore, malinconia che si mescola al riso, temperandone la festività".

Sono gli ultimi fuochi. Machiavelli è ormai vecchio e stanco. Lo slancio creativo si è esaurito. Due anni dopo, la fine.

La fortuna

Machiavellico è diventato sinonimo di astuto, scaltro, subdolo, privo di scrupoli. *Machiavellismo* è l'arte del simulare e dissimulare con astuzia sleale e, per estensione, il comportamento di chi possiede ed esercita questa arte, specialmente in campo politico. Un modo di far politica, perlopiù esecrabile, fondato sulla frode, sulla violenza, sull'empietà. Così il vocabolario.

La fortuna di Machiavelli cominciò subito dopo la morte e fu enorme. La novità del suo pensiero e la secca sincerità con cui l'aveva espresso suscitarono subito reazioni più o meno profonde, insieme ad arbitrarie interpretazioni e deboli difese. In ragione soprattutto del *Principe*, l'opera sua largamente più diffusa, egli apparve non tanto l'acutissimo, obiettivo indagatore di leggi fondate sui metodi effettivamente usati in politica da che mondo è mondo, ma piuttosto il consigliere e quasi l'inventore di un metodo politico basato sulla slealtà e la violenza, a servizio dei tiranni. L'argomento comune dei difensori di Machiavelli era che non aveva fatto altro che rappresentare la politica quale realmente è sempre stata; ma esso non poteva soffocare la questione morale che nasceva dall'esclusione, esplicitamente sostenuta da Machiavelli, della morale dall'azione politica.

"Il fine giustifica i mezzi". Questa formula, coniata in epoca controriformistica dagli scolastici gesuiti, ha finito nella cultura popolare per essere associata a Machiavelli e al *Principe*. L'intento è chiaramente denigratorio: il raggiungimento di un dato obiettivo, quale che sia, giustifica le peggiori nefandezze. Il fatto è che invano si cercherebbe nell'opera del Machiavelli questa espressione tanto concisa quanto lapidaria. Questo è un segno della fortuna del *Principe*, ma anche di uno stravolgimento del suo contenuto, piegato di volta in volta alle esigenze della polemica. In questo caso il *fine*, che per Machiavelli è la creazione della migliore comunità possibile, si imbastardisce fino a diventare sinonimo del proprio tornaconto, che è l'esatto contrario del suo messaggio. Insomma, per usare una metafora efficace, *Il Principe* è una coperta che, nel corso dei secoli, dal Toscano e dal Boccalini, i primi commentatori, fino a Croce e a Gramsci, è stata tirata da una parte e dall'altra, fino a strapparsi. La fortuna di Machiavelli ha avuto un prezzo altissimo: la costruzione di una serie di luoghi comuni, penetrati profondamente con il tempo nella cultura diffusa, che hanno però un rapporto ambiguo con quella che è la *lettera* del *Principe*, il suo nocciolo. Potremmo dire che siamo in questo caso di fronte a uno dei libri meno letti della storia della letteratura e della trattatistica, ma più chiacchierati. Con il risultato che la sostanza del *Principe* è andata annebbiandosi nel fuoco delle polemiche fino quasi a scomparire. Un trattato di teoria politica è diventato l'arena di scontro di ideologie contrapposte: laici e cattolici, rivoluzionari e conservatori, machiavellismo e antimachiavellismo. Così, se per Manzoni, nelle parole di don Ferrante, Machiavelli è un "mariolo sì, ma profondo", per De Sanctis può diventare il "Lutero italiano" e un "rivoluzionario" per il Foscolo dei *Sepolcri* (... quel grande/che temprando lo scettro a' regnatori/gli allor ne sfronda, ed alle genti svela/di che lacrime grondi e di che sangue./) e, in epoca più recente, per il Gramsci dei *Quaderni dal carcere*, laddove afferma che Machiavelli scrive "per chi non sa". Machiavelli, secondo quest'ultima linea interpretativa, che è stata anche di Procacci, avrebbe voluto mostrare, in odio ai tiranni, le arti subdole di cui si servono per mantenere il potere.

A parziale giustificazione di queste "distorsioni" c'è da dire che in effetti nel *Principe* circola una certa ambiguità di fondo. L'ammirazione per Cesare Borgia, per la spietatezza del suo agire politico che non esclude il delitto, è innegabile, a partire dalla *Descrizione del modo tenuto dal duca Valentino nello ammazzare Vitellozzo Vitelli...*, la relazione di viaggio del 1503. Da qui a fare di Machiavelli un maestro della destrezza e della spregiudicatezza politica, di quella politica che – si sa – è sempre un po' sporca, il fondatore, cioè, del machiavellismo, il passo è lungo. Ma i semi di un possibile fraintendimento erano stati gettati, e di volta in volta potevano germogliare, a seconda dell'approccio alla sua opera che dal Cinquecento a oggi ha subito tali e tante incrostazioni da rendere difficile, se non impossibile, una lettura scevra di pregiudizi.

Bibliografia essenziale

Sull'opera in generale

B. Croce, *Machiavelli e Vico: la politica e l'etica*, in *Etica e Politica*, Bari, 1931.

U. Spirito, *Machiavelli e Guicciardini*, Firenze, 1945.

A. Gramsci, *Note sul Machiavelli, sulla politica e sullo Stato moderno*, Torino, 1949.

F. Chabod, *Scritti sul Machiavelli*, Torino, 1964.

E. Garin, *Aspetti del pensiero del Machiavelli*, in *Dal Rinascimento all'Illuminismo*, Pisa, 1970.

V. Masiello, *Classi e Stato in Machiavelli*, Bari, 1971.

G. Barberi Squarotti, *Il "sistema" del Machiavelli*, Brescia, 1973.

R. Buscagli, *Niccolò Machiavelli*, Firenze, 1975.

N. Borsellino, *Niccolò Machiavelli*, Bari, 1976.

U. Dotti, *Niccolò Machiavelli. La fenomenologia del potere*, Milano, 1979.

N. Matteucci, *Alla ricerca dell'ordine politico. Da Machiavelli a Tocqueville*, Bologna, 1984.

Sul Principe *in particolare*

F. Chabod, *Sulla composizione de "Il Principe" di Niccolò Machiavelli*, in «Archivium Romanicum», 1927.

H. Baron, *Machiavelli: The republican Citizen and the Author of "The Prince"*, in «English Historical Review», 1961.

G. Barberi Squarotti, *La forma tragica de "Il Principe" e altri saggi su Machiavelli*, Firenze, 1966.

E.N. Girardi, *Unità, genesi e struttura del "Principe"*, in «Lettere italiane», n. 1, gennaio-marzo 1970.

A. Torresani, *"Il Principe" e la genesi dello stalinismo moderno*, in «Cultura e libri», n. 2-3, maggio-agosto 1984.

E. Cutinelli-Rendina, *Sull'undicesimo capitolo del "Principe"*, in «Studi e problemi di critica testuale», n. 37, ottobre 1988.

J.D. Falvo, *Nature and Art in Machiavelli's "Prince"*, in «Italica», vol. 66, n. 3, autunno 1989.

S.M. Fallon, *Hunting the Fox: Equivocation and Authorial Duplicity in the "Prince"*, in «PMLA», vol. 107, n. 5, ottobre 1992.

M. Bernardi Guardi, *"Il Principe" di Niccolò Machiavelli*, in «Historia», n. 417, novembre 1992.

Il Principe

NICOLAUS MACLAVELLUS*
AD MAGNIFICUM LAURENTIUM MEDICEM[1]

Sogliono, el più delle volte, coloro che desiderano acquistare grazia appresso uno Principe, farsegli incontro con quelle cose che infra le loro abbino più care, o delle quali vegghino lui più delettarsi; donde si vede molte volte essere loro presentati cavalli, arme, drappi d'oro, pietre preziose e simili ornamenti degni della grandezza di quelli. Desiderando io, adunque, offerirmi alla Vostra Magnificenzia con qualche testimone della servitù mia verso di quella,[2] non ho trovato, intra la mia suppellettile, cosa quale io abbi più cara o tanto esistimi quanto la cognizione delle azioni degli uomini grandi, imparata da me con una lunga esperienzia delle cose moderne e una continua lezione delle antique;[3] le quali avendo io con gran diligenzia lungamen-

---

* NICCOLÒ MACHIAVELLI
AL MAGNIFICO LORENZO DE' MEDICI

[1] Nella lettera a Francesco Vettori (10 dicembre 1513) M. aveva in progetto di dedicare *Il Principe* a Giuliano de' Medici, figlio di Lorenzo il Magnifico e duca di Nemours (1479-1516), da lui considerato un principe nuovo, perché aveva restaurato il dominio dei Medici a Firenze («e a un principe, e massime a un principe nuovo, doverebbe essere accetto: però io lo indirizzo alla Magnificenzia di Giuliano»). Poi cambiò idea e dedicò il suo «piccolo volume» a Lorenzo de' Medici (1492-1519), figlio di Piero de' Medici, nipote di Leone X, capitano generale dei fiorentini, duca di Urbino nel 1516 e strumento delle mire espansionistiche di Leone X. La dedica è anteriore all'investitura di Lorenzo a Duca (8 ottobre 1516), perché M. usa il titolo di «magnificenza» al posto di quello dovuto di «eccellenza» (cfr. Ridolfi, *Vita di N.M.*, Roma, 1954).
[2] «verso la Vostra Magnificenzia».
[3] «la conoscenza delle azioni degli uomini grandi appresa da me con una lunga esperienza delle cose moderne e una continua lettura comparativa delle antiche».

3

te escogitate ed esaminate, e ora in uno piccolo volume ridotte, mando alla Magnificenzia Vostra.

E benché io giudichi questa opera indegna della presenzia di quella,[4] tamen confido assai che per sua umanità[5] li debba essere accetta, considerato come da me non gli possa essere fatto maggiore dono che darle facultà a potere in brevissimo tempo intendere tutto quello che io, in tanti anni e con tanti mia disagi e periculi, ho conosciuto e inteso. La quale opera io non ho ornata né ripiena di clausule ample, o di parole ampullose e magnifiche, o di qualunque altro lenocinio o ornamento estrinseco, con li quali molti sogliono le loro cose descrivere e ornare; perché io ho voluto, o che veruna cosa la onori, o che solamente la varietà della materia e la gravità del subietto la facci grata. Né voglio sia reputata presunzione se uno uomo di basso ed infimo stato ardisce discorrere e regolare e' governi de' principi; perché, così come coloro che disegnano e' paesi[6] si pongono bassi nel piano a considerare la natura de' monti e de' luoghi alti, e per considerare quella de' bassi si pongono alti sopra e' monti, similmente, a conoscere bene la natura de' populi, bisogna essere principe, e a conoscere bene quella de' principi, bisogna essere populare.

Pigli, adunque, Vostra Magnificenzia questo piccolo dono con quello animo che io lo mando; il quale se da quella fia diligentemente considerato e letto, vi conoscerà dentro uno estremo mio desiderio, che Lei pervenga a quella grandezza che la fortuna e le altre sue qualità gli promettano. E se Vostra Magnificenzia dallo apice della sua altezza qualche volta volgerà gli occhi in questi luoghi bassi, conoscerà quanto io indegnamente sopporti una grande e continua malignità di fortuna.[7]

[4] Vedi nota 2.
[5] «desiderio di cultura».
[6] «i geometri».
[7] Dopo il 1512 (anno del rientro dei Medici a Firenze) M. fu estromesso da ogni attività politica e diplomatica, imprigionato, torturato e confinato.
Nel III sonetto caudato a Giuliano di Lorenzo de' Medici si era espresso pressappoco nello stesso modo: «Io vi mando, Giuliano, alquanti tordi,/ Non perché questo don sia buono o bello,/ Ma perché un po' del pover Machiavello/ Vostra Magnificezia si ricordi».

De Principatibus

I

QUOT SINT GENERA PRINCIPATUUM ET QUIBUS MODIS ACQUIRANTUR*

Tutti gli stati, tutti e' dominii che hanno avuto e hanno imperio sopra gli uomini, sono stati e sono o republiche o principati.[1] E' principati sono, o ereditarii, de' quali el sangue del loro signore ne sia suto[2] lungo tempo principe, o e' sono nuovi. E' nuovi, o sono nuovi tutti, come fu Milano a Francesco Sforza,[3] o sono come membri aggiunti allo stato ereditario del principe che li acquista, come è el regno di Napoli al re di Spagna.[4] Sono questi dominii così acquistati, o consueti a vivere sotto uno principe, o usi ad essere liberi; e acquistonsi o con le armi d'altri o con le proprie, o per fortuna o per virtù.[5]

IL PRINCIPE
* I - TIPI DI PRINCIPATO E FORMAZIONE DEL PRINCIPATO

[1] «Tutti gli stati, tutti i governi, passati e presenti, sono stati e sono o repubbliche o principati.»

[2] «stato».

[3] Francesco Sforza (1401-1466), capitano di ventura, sposò Bianca Maria Visconti, figlia del duca di Milano, Filippo Maria. Alla morte di lui fu nominato capitano generale della Repubblica Ambrosiana (1447) nella guerra contro Venezia. Ma si accordò con Venezia (1488) e, dopo aver espugnato Milano, divenne il nuovo duca (1450).

Per Francesco Sforza, come principe nuovo, cfr. il cap. VII de *Il Principe*. Citato anche nelle *Istorie fiorentine*, VI, e nell'*Arte della guerra*, I.

[4] Ferdinando il Cattolico (1452-1516), che nel 1504 tolse il regno di Napoli a Federico d'Aragona.

Su Ferdinando il Cattolico confronta anche i capp. XVI, XVIII, XXI de *Il Principe*.

[5] «o per caso o con un progetto razionale».

5

II

DE PRINCIPATIBUS HEREDITARIIS*

Io lascerò indrieto el ragionare delle republiche, perché altra volta ne ragionai a lungo.[1] Volteròmmi solo al principato, e andrò tessendo gli orditi soprascritti, e disputerò come questi principati si possino governare e mantenere.

Dico, adunque, che negli stati ereditarii e assuefatti al sangue del loro principe sono assai minori difficultà a mantenerli che ne' nuovi; perché basta solo non preterire l'ordine de' sua antenati,[2] e di poi temporeggiare con gli accidenti; in modo che, se tale principe è di ordinaria industria,[3] sempre si manterrà nel suo stato, se non è una estraordinaria ed eccessiva forza che ne lo privi; e privato che ne fia, quantunque di sinistro abbi lo occupatore, lo riacquista.

Noi abbiamo in Italia, in exemplis, il duca di Ferrara;[4] il quale non ha retto agli assalti de' Viniziani nello '84, né a quelli di papa Iulio nel '10, per altre cagioni che per essere antiquato in quello dominio. Perché el principe naturale ha minori cagioni e minore necessità di offendere; donde conviene che sia più amato; e se estraordinarii vizii non lo fanno odiare, è ragio-

---

* II - I PRINCIPATI EREDITARI

[1] Nei *Discorsi sopra la prima Deca di Tito Livio*, iniziati nel 1513 e rielaborati forse fino al 1519.

[2] «non andare al di là degli ordinamenti costituzionali dei predecessori».

[3] «di normali capacità».

[4] Il riferimento è ad Ercole d'Este (1471-1505), sconfitto dai Veneziani nel 1484, e ad Alfonso d'Este (1505-1534), privato dello Stato da Giulio II nella guerra della Lega santa (1510-1512).

nevole che naturalmente sia benevoluto da' sua. E nella antiquità e continuazione del dominio sono spente le memorie e le cagioni delle innovazioni; perché sempre una mutazione lascia lo addentellato per la edificazione dell'altra.[5]

---

[5] «E nella antichità e continuazione del potere sono spente le memorie e le cause delle innovazioni: perché sempre un cambiamento è agganciato all'istaurazione di un altro cambiamento.»

III

DE PRINCIPATIBUS MIXTIS*

Ma nel principato nuovo consistono le difficultà. E prima, se non è tutto nuovo, ma come membro[1] (che si può chiamare tutto insieme quasi misto) le variazioni sua[2] nascono in prima da una naturale difficultà, quale è in tutti e' principati nuovi: le quali sono che li uomini mutano volentieri signore, credendo migliorare; e questa credenza gli fa pigliare l'arme contro a quello; di che e' s'ingannono, perché veggono poi per esperienza avere peggiorato. Il che depende da una altra necessità naturale e ordinaria, quale fa che sempre bisogni offendere quelli di chi si diventa nuovo principe e con gente d'arme e con infinite altre iniurie che si tira dietro el nuovo acquisto; in modo che tu hai inimici tutti quelli che hai offesi in occupare quello principato, e non ti puoi mantenere amici quelli che vi ti hanno messo, per non li potere satisfare in quel modo che si erano presupposto e per non potere tu usare contro a di loro medicine forti, sendo loro obligato; perché sempre, ancora che uno sia fortissimo in sugli eserciti, ha bisogno del favore de' provinciali a intrare in una provincia.[3] Per queste cagioni Luigi XII[4] re di

---

* III · I PRINCIPATI MISTI

[1] «appendice».
[2] «la sua instabilità».
[3] M. usa il termine «provincia» con in mente il modello dei Romani, per cui provincia era il paese sottoposto alla dominazione romana, fuori d'Italia. Qui significa paese esterno allo Stato o Principato di partenza.
[4] Luigi XII (1498-1515) conquistò Milano nel 1499. Ludovico il Moro si rifugiò allora in Germania. Ritornò nel gennaio 1500, richiamato dai Milanesi in rivolta, e cacciò i Francesi.

Francia occupò subito Milano, e subito lo perdé; e bastò a tor-gnene, la prima volta, le forze proprie di Lodovico; perché quelli populi che gli avevono aperte le porte, trovandosi ingan-nati della opinione loro e di quello futuro bene che si avevano presupposto, non potevono sopportare e' fastidii del nuovo principe.

È ben vero che, acquistandosi poi la seconda volta e' paesi rebellati, si perdono con più difficultà; perché el signore, presa occasione dalla rebellione, è meno respettivo ad assicurarsi[5] con punire e' delinquenti, chiarire e' suspetti, provvedersi nel-le parti più debole. In modo che, se a fare perdere Milano a Francia bastò, la prima volta, uno duca Lodovico che romoreg-giassi in su' confini, a farlo di poi perdere, la seconda, gli bi-sognò avere, contro, el mondo tutto,[6] e che gli eserciti suoi fus-sino spenti o fugati[7] di Italia; il che nacque dalle cagioni sopra-dette. Nondimanco, e la prima e la seconda volta, gli fu tolto.

Le cagioni universali[8] della prima si sono discorse; resta ora a dire quelle della seconda, e vedere che remedii lui ci aveva, e quali ci può avere uno che fussi ne' termini sua, per potersi me-glio mantenere nello acquisto che non fece Francia. Dico, per-tanto, che questi stati, quali acquistandosi si aggiungono a uno stato antiquo[9] di quello che acquista, o e' sono della medesima provincia e della medesima lingua, o non sono. Quando e' sie-no, è facilità grande a tenerli, massime quando non sieno usi a vivere liberi; e a possederli securamente basta avere spenta[10] la linea del principe che li dominava, perché nelle altre cose, man-tenendosi loro le condizioni vecchie e non vi essendo disformi-tà di costumi,[11] gli uomini si vivono quietamente: come si è

Ma, poi, tradito dai mercenari svizzeri, fu catturato e portato, prigioniero, in Francia (aprile 1500) nel castello di Loches, dove morì.
[5] «ha meno riguardo nel tutelarsi».
[6] Nel 1512 Luigi XII dovette cedere alle forze della Lega santa (Papa, Spagna, Venezia).
[7] «distrutti o cacciati».
[8] «generali».
[9] «ereditario».
[10] «avere estinto».
[11] «diversità culturali».

visto che ha fatto la Borgogna, la Brettagna, la Guascogna e la Normandia,[12] che tanto tempo sono state con Francia; e benché vi sia qualche disformità di lingua,[13] nondimeno e' costumi sono simili, e possonsi fra loro facilmente comportare. E chi le acquista, volendole tenere, debbe avere dua respetti: l'uno, che il sangue del loro principe antiquo si spenga; l'altro, di non alterare né loro legge né loro dazii; talmente che in brevissimo tempo diventa, con loro principato antiquo, tutto uno corpo.

Ma, quando si acquista stati in una provincia disforme di lingua, di costumi e di ordini, qui sono le difficultà; e qui bisogna avere gran fortuna e grande industria a tenerli.[14] E uno de' maggiori remedii e più vivi sarebbe che la persona di chi acquista vi andassi ad abitare. Questo farebbe più secura e più durabile quella possessione: come ha fatto il Turco, di Grecia;[15] il quale, con tutti gli altri ordini osservati da lui per tenere quello stato,[16] se non vi fussi ito ad abitare, non era possibile che lo tenessi. Perché, standovi,[17] si veggono nascere e' disordini, e presto vi puoi rimediare; non vi stando, s'intendono quando e' sono grandi e che non vi è più remedio. Non è, oltre di questo, la provincia spogliata da' tuoi officiali;[18] satisfannosi e' sudditi del ricorso propinquo al principe; donde hanno più cagione di amarlo, volendo essere buoni, e, volendo essere altrimenti, di temerlo. Chi degli esterni volessi assaltare quello stato, vi ha più respetto;[19] tanto che, abitandovi, lo può con grandissima difficultà perdere.

L'altro migliore remedio è mandare colonie in uno o in duo

[12] La Borgogna fu annessa alla Francia nel 1477. La Bretagna nel 1491. La Guascogna nel 1453. La Normandia nel 1204.
[13] «diversità linguistica».
[14] «e qui bisogna avere notevoli contingenze favorevoli e grandi capacità operative per conservarli.»
[15] Qui il M. indica la penisola balcanica conquistata dai Turchi a partire dal 1453 (conquista di Costantinopoli).
[16] «con tutte le altre istituzioni politiche messe in atto».
[17] «con il governo diretto».
[18] «ministri».
[19] «timore».

10

luoghi che sieno quasi compedes[20] di quello stato; perché è necessario o fare questo o tenervi assai gente d'arme e fanti. Nelle colonie non si spende molto; e sanza sua spesa, o poca, ve le manda e tiene; e solamente offende coloro a chi e' toglie e' campi e le case per darle a' nuovi abitatori, che sono una minima parte di quello stato; e quelli ch'egli offende, rimanendo dispersi e poveri, non gli possono mai nuocere, e tutti gli altri rimangono da uno canto inoffesi, e per questo doverrebbono quietarsi, dall'altro paurosi di non errare, per timore che non intervenisse a loro come a quelli che sono stati spogliati. Concludo che queste colonie non costono, sono più fedeli, offendono meno; e gli offesi non possono nuocere, sendo poveri e dispersi, come è detto. Per il che si ha a notare che gli uomini si debbano o vezzeggiare o spegnere;[21] perché si vendicano delle leggieri[22] offese, delle gravi non possono: sì che l'offesa che si fa all'uomo debba essere in modo che la non tema la vendetta. Ma tenendovi, in cambio di colonie, gente d'arme, si spende più assai, avendo a consumare nella guardia tutte le intrate di quello stato; in modo che lo acquisto gli torna perdita; e offende molto più, perché nuoce a tutto quello stato, tramutando con gli alloggiamenti il suo esercito; del quale disagio ognuno ne sente, e ciascuno gli diventa inimico; e sono inimici che gli possono nuocere, rimanendo, battuti, in casa loro. Da ogni parte, dunque, questa guardia è inutile, come quella delle colonie è utile.

Debbe ancora chi è in una provincia disforme come è detto, farsi capo e defensore de' vicini minori potenti, ed ingegnarsi di indebolire e' potenti di quella, e guardarsi che, per accidente alcuno, non vi entri uno forestiere potente quanto lui. E sempre interverrà che vi sarà messo da coloro che saranno in quella mal contenti o per troppa ambizione o per paura: come si vidde già che gli Etoli missero e' Romani in Grecia;[23] e in ogni altra

---

[20] «come incatenati».
[21] «che bisogna trattare gli uomini o con indulgenza o con estremo rigore».
[22] «minime».
[23] È vero che nella guerra contro Filippo V il Macedone gli Etoli si unirono ai Romani, ma in un secondo tempo (211 a.C.). A M. sembra più importante la sostanza dei fatti, che la loro puntigliosa esattezza.

provincia che gli entrorono, vi furono messi da' provinciali. E l'ordine delle cose è che, subito che uno forestiere potente entra in una provincia, tutti quelli che sono in essa meno potenti gli aderiscano,[24] mossi da invidia hanno contro a chi è suto potente sopra di loro: tanto che, respetto a questi minori potenti, lui non ha a durare fatica alcuna a guadagnarli, perché subito tutti insieme volentieri fanno uno globo col suo stato che lui vi ha acquistato.[25] Ha solamente a pensare che non piglino troppe forze e troppa autorità; e facilmente può, con le forze sua e col favore loro, sbassare quelli che sono potenti, per rimanere, in tutto, arbitro di quella provincia. E chi non governerà bene questa parte, perderà presto quello arà acquistato; e mentre che lo terrà, vi arà, dentro, infinite difficultà e fastidii.

E' Romani, nelle provincie che pigliorono, osservorono bene queste parti; e mandorono le colonie, intratennono e' meno potenti sanza crescere loro potenzia, abbassorono e' potenti, e non vi lasciorono prendere reputazione a' potenti forestieri.[26] E voglio mi basti solo la provincia di Grecia per esempio: furono intratenuti da loro gli Achei e gli Etoli; fu abbassato el regno de' Macedoni; funne cacciato Antioco; né mai e' meriti degli Achei o degli Etoli feciono che permettessino loro accrescere alcuno stato; né le persuasioni di Filippo gli indussono mai ad esserli amici sanza sbassarlo; né la potenzia di Antioco possé fare gli consentissino che tenessi in quella provincia alcuno stato. Perché e' Romani feciono, in questi casi, quello che tutti e' principi savi debbono fare; li quali, non solamente hanno ad avere riguardo agli scandoli presenti, ma a' futuri, e a quelli con ogni industria obviare; perché, prevedendosi discosto, facilmente vi si può rimediare; ma, aspettando che ti si appressino, la medicina non è a tempo, perché la malattia è divenuta in-

---

[24] «entrano nella sua sfera di influenza». Il congiuntivo per l'indicativo è fiorentinismo.
[25] «si conglobano con lo Stato conquistato».
[26] I meno potenti, cioè la Lega achea e la Lega etolica.
I potenti, cioè Filippo V di Macedonia.
Gli stranieri potenti, cioè Antioco di Siria.
Gli avvenimenti si svolgono tra il 200 e il 189 a.C.

curabile.[27] E interviene di questa, come dicono e' fisici dello etico,[28] che, nel principio del suo male, è facile a curare e difficile a conoscere, ma, nel progresso del tempo, non l'avendo in principio conosciuta né medicata, diventa facile a conoscere e difficile a curare. Così interviene nelle cose di stato; perché, conoscendo discosto (il che non è dato se non a uno prudente) e' mali che nascono in quello, si guariscono presto; ma quando, per non li avere conosciuti, si lascino crescere in modo che ognuno li conosce, non vi è più remedio.

Però e' Romani, vedendo discosto gli inconvenienti, vi rimediorno sempre; e non li lasciorno mai seguire per fuggire una guerra, perché sapevono che la guerra non si leva, ma si differisce a vantaggio di altri; però vollono fare con Filippo e Antioco guerra in Grecia, per non la avere a fare con loro in Italia; e potevano per allora fuggire l'una e l'altra; il che non volsero. Né piacque mai loro quello che tutto dì è in bocca de' savi de' nostri tempi, di godere el benefizio del tempo, ma sì bene quello della virtù e prudenzia loro; perché il tempo si caccia innanzi ogni cosa, e può condurre seco bene come male, e male come bene.[29]

Ma torniamo a Francia, ed esaminiamo se delle cose dette ne ha fatto alcuna; e parlerò di Luigi, e non di Carlo,[30] come di colui che, per avere tenuta più lunga possessione in Italia, si sono meglio visti li suoi progressi: e vedrete come egli ha fatto il contrario di quelle cose che si debbano fare per tenere uno stato in una provincia disforme.

---

[27] «Perché i Romani fecero in questi casi ciò che tutti i principi razionali debbono fare: i quali, non soltanto devono badare agli ostacoli presenti, ma ai futuri, ed andare incontro a quelli con ogni accorgimento; perché, prevedendosi da lontano, facilmente vi si può rimediare; ma aspettando che ti si avvicinino, la medicina non è opportuna, perché la malattia è diventata incurabile.»
[28] «tisico».
[29] «Né mai si adattarono ai luoghi comuni dei saggi dei nostri tempi, di godere i vantaggi apportati dal tempo, bensì fidarono nella loro analisi razionale; perché il tempo porta con sé ogni cosa, e può portare con sé bene come male, e male come bene.»
[30] Carlo VIII fu in Italia dal 1494 al 1495.
  Luigi XII dal 1499 al 1512.

El re Luigi fu messo in Italia[31] dalla ambizione de' Viniziani, che volsono[32] guadagnarsi mezzo lo stato di Lombardia per quella venuta. Io non voglio biasimare questo partito preso dal re; perché, volendo cominciare a mettere uno piè in Italia, e non avendo in questa provincia amici, anzi, sendoli, per li portamenti del re Carlo, serrate tutte le porte, fu forzato prendere quelle amicizie che poteva; e sarebbegli riuscito el partito ben preso, quando negli altri maneggi[33] non avessi fatto errore alcuno. Acquistata, adunque, il re la Lombardia, si riguadagnò subito quella reputazione che gli aveva tolta Carlo: Genova cedé; e' Fiorentini gli diventorono amici; marchese di Mantova, duca di Ferrara, Bentivogli, madonna di Furlì, signore di Faenza, di Pesaro, di Rimino, di Camerino, di Piombino, Lucchesi, Pisani, Sanesi, ognuno se gli fece incontro per esser suo amico. E allora posserno[34] considerare e' Viniziani la temerità del partito preso da loro; i quali, per acquistare dua terre in Lombardia, feciono signore, el re, del terzo di Italia.[35]

Consideri ora uno[36] con quanta poca difficultà posseva il re tenere in Italia la sua reputazione, se egli avessi osservate le regole soprascritte, e tenuti securi e difesi tutti quelli sua amici, li quali, per essere gran numero, e deboli e paurosi, chi della Chiesa, chi de' Viniziani, erano sempre necessitati a stare seco; e per il mezzo loro posseva facilmente assicurarsi di chi ci restava grande. Ma lui non prima fu in Milano,[37] che fece il contrario, dando aiuto a papa Alessandro, perché egli occupassi la Romagna. Né si accorse, con questa deliberazione, che faceva sé

---

[31] 1499 (Trattato di Blois).
[32] «vollero».
[33] «azioni politiche».
[34] «potettero».
[35] Sostanzialmente esatto: i Veneziani ebbero le terre ad oriente dell'Adda (Cremona, Bergamo, ecc.); gli Svizzeri, la Contea di Bellinzona; ai Francesi toccò il resto del Ducato di Milano.
[36] «Si consideri».
[37] Luigi XII cercò di portare in suo favore le maggiori potenze del tempo. A Venezia vennero garantite le sue conquiste nel Regno di Napoli, mentre truppe francesi furono messe a disposizione di Cesare Borgia, figlio del papa Alessandro VI, per la conquista della Romagna.

debole, togliendosi gli amici e quelli che se gli erano gittati in grembo, e la Chiesa grande, aggiugnendo allo spirituale, che gli dà tanta autorità, tanto temporale. E fatto uno primo errore, fu costretto a seguitare; in tanto che, per porre fine alla ambizione di Alessandro e perché non divenissi signore di Toscana, fu costretto venire in Italia.[38] Non gli bastò avere fatto grande la Chiesa e toltisi gli amici, che, per volere il regno di Napoli, lo divise con il re di Spagna;[39] e dove lui era, prima, arbitro d'Italia, e' vi misse uno compagno, a ciò che gli ambiziosi di quella provincia e mal contenti di lui avessino dove ricorrere; e dove posseva lasciare in quello regno uno re suo pensionario,[40] e' ne lo trasse, per mettervi uno che potessi cacciarne lui.

È cosa veramente molto naturale e ordinaria desiderare di acquistare; e sempre, quando gli uomini lo fanno che possono, saranno laudati o non biasimati; ma quando non possono e vogliono farlo in ogni modo, qui è lo errore e il biasimo. Se Francia, adunque, posseva con le forze sua assaltare Napoli, doveva farlo; se non poteva, non doveva dividerlo. E se la divisione fece, co' Viniziani, di Lombardia, meritò scusa per avere con quella messo el piè in Italia; questa merita biasimo, per non essere escusata da quella necessità.

Aveva, dunque, Luigi fatto questi cinque errori: spenti[41] e' minori potenti; acresciuto in Italia potenzia a uno potente; messo in quella uno forestiere potentissimo; non venuto ad abitarvi; non vi messe colonie. E' quali errori ancora, vivendo lui, possevano non lo offendere,[42] se non avessi fatto el sesto: di torre[43] lo stato a' Viniziani; perché, quando e' non avessi fatto grande la Chiesa, né messo in Italia Spagna, era ben ragionevo-

---

[38] Deformazione municipale: Luigi XII non venne in Italia per il papa o per Cesare Borgia, ma per preparare la guerra contro la Spagna.
[39] Trattato di Granata (1500).
[40] Federico d'Aragona (1496-1501), «tributario».
[41] «eliminato».
[42] «non danneggiarlo».
[43] «di togliere». Nel 1509 (battaglia di Agnadello) i Francesi tolsero ai Veneziani le terre del Ducato di Lombardia.

le e necessario abbassarli;[44] ma avendo preso quelli primi partiti, non doveva mai consentire alla ruina loro: perché, sendo
quelli potenti, arebbono sempre tenuti gli altri discosto dalla
impresa di Lombardia, sì perché e' Viniziani non vi arebbono
consentito sanza diventarne signori loro; sì perché gli altri non
arebbono voluto torla a Francia per darla a loro; e andare a ur-
tarli tutti e dua non arebbono avuto animo. E se alcuno dices-
se: il re Luigi cedé ad Alessandro la Romagna e a Spagna il Regno per fuggire[45] una guerra, respondo, con le ragioni dette di
sopra: che non si debbe mai lasciare seguire uno disordine per
fuggire una guerra; perché la non si fugge, ma si differisce a tuo
disavvantaggio. E se alcuni altri allegassino la fede che il re
aveva obligata al papa, di fare per lui quella impresa per la resoluzione del suo matrimonio e il cappello di Roano,[46] respondo
con quello che per me di sotto si dirà circa la fede de' principi e
come la si debbe osservare. Ha perduto, adunque, il re Luigi la
Lombardia per non avere osservato alcuno di quelli termini osservati da altri che hanno preso provincie e volutole tenere. Né
è miracolo alcuno questo, ma molto ordinario e ragionevole. E
di questa materia parlai a Nantes con Roano,[47] quando il Valentino (che così era chiamato popularmente Cesare Borgia, figliuolo di papa Alessandro) occupava la Romagna; perché, di-
cendomi il cardinale di Roano che gli Italiani non si intendevano della guerra, io gli risposi che e' Franzesi non si intendevano
dello stato; perché, se se n'intendessono, non lascerebbono venire la Chiesa[48] in tanta grandezza. E per esperienza si è visto
che la grandezza, in Italia, di quella e di Spagna è stata causata
da Francia, e la ruina sua causata da loro. Di che si cava una re-

[44] «ridimensionarli».

[45] «evitare».

[46] «a causa dell'annullamento del suo matrimonio, e della nomina cardinalizia
conferita al vescovo di Rouen».

Luigi XII ottenne da Alessandro VI l'annullamento del suo matrimonio. Il
vescovo di Rouen è Giorgio d'Amboise, consigliere del re.

[47] Durante la prima ambasciata in Francia (1500).

[48] «non avrebbero permesso che la Chiesa arrivasse».

gola generale, la quale mai o raro falla:[49] che chi è cagione che uno diventi potente, rovina; perché quella potenzia è causata da colui o con industria[50] o con forza, e l'una e l'altra di queste due è sospetta a chi è diventato potente.

[49] «Dal che si ricava una regola generale, con ogni probabilità vera».
[50] «capacità operative».

IV

CUR DARII REGNUM QUOD ALEXANDER OCCUPAVERAT A SUCCESSORIBUS SUIS POST ALEXANDRI MORTEM NON DEFECIT*

Considerate le difficultà le quali si hanno a tenere uno stato di nuovo acquistato, potrebbe alcuno maravigliarsi donde nacque che Alessandro Magno diventò signore della Asia in pochi anni[1] e, non l'avendo appena occupata, morì; donde pareva ragionevole che tutto quello stato si rebellassi; nondimeno e' successori di Alessandro[2] se lo mantennono; e non ebbono, a tenerlo, altra difficultà che quella che intra loro medesimi, per ambizione propria, nacque. Respondo come e' principati de' quali si ha memoria si trovano governati in dua modi diversi: o per uno principe e tutti gli altri servi,[3] e' quali come ministri, per grazia e concessione sua, aiutano governare quello regno; o per uno principe e per baroni,[4] e' quali, non per grazia del signore, ma per antiquità di sangue,[5] tengano quel grado. Questi tali baroni hanno stati e sudditi proprii, li quali li riconoscono per signori e hanno in loro naturale affezione. Quegli stati che si governano per uno principe e per servi, hanno el loro principe con più autorità, perché in tutta la sua provincia non è alcuno che riconosca per superiore se non lui; e se obediscano alcuno altro, lo

* IV - PER QUALE MOTIVO, DOPO LA MORTE DI ALESSANDRO, I SUOI SUCCESSORI NON PERSERO IL REGNO DI DARIO CHE ALESSANDRO AVEVA CONQUISTATO

[1] Dal 334 al 327 a.C.
[2] Si riferisce alle lotte per il potere dei sette «diadochi» e alla divisione dell'impero dopo la morte di Alessandro (323 a.C.).
[3] «schiavi».
[4] «nobili».
[5] «in forza di un diritto ereditario».

fanno come ministro e offiziale, e non gli portano particulare amore.

Gli esempli[6] di queste due diversità di governi sono, ne' nostri tempi, el Turco e il re di Francia. Tutta la monarchia del Turco è governata da uno signore; gli altri sono sua servi; e, distinguendo il suo regno in Sangiachi,[7] vi manda diversi amministratori, e li muta e varia come pare a lui. Ma il re di Francia è posto in mezzo d'una moltitudine antiquata di signori,[8] in quello stato, riconosciuti da' loro sudditi e amati da quelli: hanno le loro preeminenzie;[9] non le può il re torre loro sanza suo pericolo. Chi considera, adunque, l'uno e l'altro di questi stati, troverrà difficultà nello acquistare lo stato del Turco, ma, vinto che sia, facilità grande a tenerlo. Così, per adverso, troverrete per qualche rispetto più ...cilità a occupare lo stato di Francia, ma difficultà grande a tenerlo.

Le cagioni della difficultà in potere occupare il regno del Turco sono per non potere essere chiamato da' principi di quello regno, né sperare, con la rebellione di quelli ch'egli ha d'intorno, potere facilitare la sua impresa. Il che nasce dalle ragioni sopradette; perché, sendogli tutti stiavi e obligati,[10] si possono con più difficultà corrompere; e quando bene si corrompessino, se ne può sperare poco utile, non possendo quelli tirarsi drieto e' populi per le ragioni assignate.[11] Onde, chi assalta il Turco, è necessario pensare di averlo a trovare tutto unito, e gli conviene sperare più nelle forze proprie che ne' disordini d'altri. Ma, vinto che fussi, e rotto alla campagna[12] in modo che non possa rifare eserciti, non si ha a dubitare di altro che del sangue[13] del principe; il quale spento,[14] non resta alcuno di chi si abbia a temere, non avendo gli altri credito con li populi: e come el vinci-

---

6 «I modelli».
7 «governatorati».
8 «moltitudine di signori feudali».
9 «privilegi».
10 «schiavi e sottomessi al principe».
11 «e per le cause dette».
12 «e sbaragliato in battaglia campale».
13 «della linea ereditaria».
14 «estinta».

tore, avanti la vittoria, non poteva sperare in loro, così non debbe, dopo quella, temere di loro.

El contrario interviene ne' regni governati come quello di Francia; perché con facilità tu puoi intrarvi, guadagnandoti alcuno barone del regno; perché sempre si trova de' mal contenti e di quelli che desiderano innovare; costoro, per le ragioni dette, ti possono aprire la via a quello stato e facilitarti la vittoria. La quale di poi, a volerti mantenere, si tira drieto infinite difficultà, e con quelli che ti hanno aiutato e con quelli che tu hai oppressi. Né ti basta spegnere il sangue del principe, perché vi rimangono quelli signori che si fanno capi delle nuove alterazioni; e non li potendo né contentare né spegnere, perdi quello stato qualunque volta venga la occasione.

Ora, se voi considerrete di qual natura di governi era quello di Dario,[15] lo troverrete simile al regno del Turco; e però ad Alessandro fu necessario prima urtarlo tutto e torli la campagna;[16] dopo la quale vittoria, sendo Dario morto, rimase ad Alessandro quello stato sicuro per le ragioni di sopra discorse. E li suoi successori, se fussino suti uniti, se lo potevano godere oziosi;[17] né in quel regno nacquono altri tumulti che quelli che loro proprii suscitorno. Ma li stati ordinati come quello di Francia è impossibile possederli con tanta quiete. Di qui nacquono le spesse[18] rebellioni di Spagna, di Francia e di Grecia da' Romani, per li spessi principati che erano in quegli stati: de' quali mentre durò la memoria, sempre ne furono e' Romani incerti di quella possessione; ma, spenta la memoria di quelli, con la potenzia e diuturnità dello imperio,[19] ne diventorono securi possessori. E posserno anche, quelli, combattendo di poi infra loro, ciascuno tirarsi drieto parte di quelle provincie, secondo l'autorità vi aveva presa dentro; e quelle, per essere el sangue de' loro antiqui signori spento, non riconoscevano se

---

[15] «Ora, se voi valutate la struttura di governo di Dario». Dario III Codomano, re di Persia (337-330 a.C.).
[16] «prima sgominarlo completamente e vincerlo in battaglia campale».
[17] «in tutta tranquillità».
[18] «frequenti».
[19] «continuità del potere».

non e' Romani. Considerato adunque tutte queste cose, non si maraviglierà alcuno della facilità ebbe Alessandro a tenere lo stato di Asia, e delle difficultà che hanno avuto gli altri a conservare lo acquistato, come Pirro e molti. Il che non è nato dalla molta o poca virtù del vincitore, ma dalla disformità del subietto.[20]

---

[20] «Il che non è derivato dalla molta o poca capacità razionale del vincitore, ma dalla diversità strutturale degli Stati.»

V

QUOMODO ADMINISTRANDAE SUNT CIVITATES
VEL PRINCIPATUS, QUI, ANTEQUAM
OCCUPARENTUR, SUIS LEGIBUS VIVEBANT*

Quando quelli stati che si acquistano, come è detto, sono consueti a vivere con le loro leggi e in libertà; a volerli tenere ci sono tre modi: el primo, ruinarle;[1] l'altro, andarvi ad abitare personalmente; el terzo, lasciarle vivere con le sue leggi, traendone una pensione[2] e creandovi drento uno stato di pochi[3] che te le conservino amiche. Perché, sendo quello stato creato da quello principe, sa che non può stare sanza l'amicizia e potenzia sua, e ha a fare tutto per mantenerlo; e più facilmente si tiene una città usa a vivere libera con il mezzo de' suoi cittadini, che in alcuno altro modo, volendola preservare.

In exemplis[4] ci sono li Spartani e li Romani. Li Spartani[5] tennono Atene e Tebe creandovi uno stato di pochi, tamen le riperderno. Li Romani,[6] per tenere Capua, Cartagine e Numanzia, le disfeciono, e non le perderono; volsero tenere la Grecia quasi come tennono li Spartani, faccendola libera e la-

---

* V · IN CHE MODO SI DEBBANO GOVERNARE LE CITTÀ O I PRINCIPATI CHE, PRIMA DI ESSERE CONQUISTATI, AVEVANO UN PROPRIO ORDINA-MENTO GIURIDICO

[1] «raderli al suolo».
[2] «un tributo».
[3] «un governo oligarchico».
[4] «come modello».
[5] Nel 404 gli Spartani crearono in Atene un governo oligarchico (i trenta Tiranni, 404 a.C.) che fu rovesciato l'anno seguente. Così nel 382 a.C. crearono un governo oligarchico a Tebe, che fu rovesciato nel 379.
[6] Con approssimazione: in realtà, Capua, che si era ribellata nel 216 a.C., fu privata dei diritti civili; mentre Cartagine fu distrutta nel 146 e Numanzia nel 133.

sciandoli le sue leggi, e non successe loro:[7] in modo che furono costretti disfare di molte città di quella provincia, per tenerla. Perché, in verità, non ci è modo securo a possederle, altro che la ruina.[8] E chi diviene patrone di una città consueta a vivere libera, e non la disfaccia, aspetti di essere disfatto da quella; perché sempre ha per refugio, nella rebellione, el nome della libertà e gli ordini antichi suoi; li quali né per la lunghezza de' tempi né per benefizii mai si dimenticano. E per cosa che si faccia o si provvegga, se non si disuniscono o dissipano gli abitatori, e' non sdimenticano quel nome né quegli ordini, e subito in ogni accidente vi ricorrono; come fe' Pisa[9] dopo cento anni che ella era suta posta in servitù da' Fiorentini. Ma quando le città o le provincie sono use a vivere sotto uno principe, e quel sangue sia spento, sendo da uno canto usi ad obedire, dall'altro non avendo el principe vecchio, farne uno infra loro non si accordano, vivere liberi non sanno: di modo che sono più tardi a pigliare le armi, e con più facilità se li può uno principe guadagnare e assicurarsi di loro. Ma nelle republiche è maggiore vita, maggiore odio, più desiderio di vendetta; né li lascia, né può lasciare riposare la memoria della antiqua libertà: tale che la più sicura via è spegnerle o abitarvi.

[7] Il periodo va dal 196 al 146 a.C.: dalla proclamazione della libertà della Grecia alla Grecia come provincia romana.
[8] «Perché, in realtà, non esiste nessuna certezza per possederle, fuorché la distruzione totale.»
[9] Nel 1494 i Fiorentini perdettero Pisa, che avevano conquistato nel 1406.

VI

DE PRINCIPATIBUS NOVIS QUI ARMIS PROPRIIS ET VIRTUTE ACQUIRUNTUR*

Non si maravigli alcuno se, nel parlare che io farò de' principati al tutto nuovi, e di principe e di stato, io addurrò grandissimi esempli;[1] perché, camminando gli uomini quasi sempre per le vie battute da altri, e procedendo nelle azioni loro con le imitazioni, né si potendo le vie di altri al tutto tenere, né alla virtù di quelli che tu imiti aggiugnere, debbe uno uomo prudente[2] intrare sempre per vie battute da uomini grandi, e quelli che sono stati eccellentissimi imitare, acciò che, se la sua virtù non vi arriva, almeno ne renda qualche odore;[3] e fare come gli arcieri prudenti, a' quali parendo el loco dove disegnano ferire troppo lontano,[4] e conoscendo fino a quanto va la virtù del loro arco, pongono la mira assai più alta che il loco destinato, non per aggiugnere con la loro freccia a tanta altezza, ma per potere, con lo aiuto di sì alta mira,[5] pervenire al disegno loro.

Dico, adunque, che ne' principati tutti nuovi, dove sia uno nuovo principe, si trova a mantenerli più o meno difficultà, secondo che più o meno è virtuoso colui che gli acquista.[6] E

---

* VI - I PRINCIPATI NUOVI (CONQUISTATI CON I PROPRI ESERCITI E CON UNA DETERMINAZIONE RAZIONALE)

[1] «modelli fuori della norma».

[2] «un uomo razionale».

[3] «almeno ne dia una qualche rappresentazione concreta».

[4] «previdenti, che pongono l'obiettivo troppo lontano».

[5] «con un falso obiettivo».

[6] «Dico, dunque, che nei principati completamente nuovi, dove sia un principe nuovo, esiste più o meno difficoltà di conservazione, a seconda della maggiore o minore determinazione razionale del conquistatore.»

perché questo evento di diventare, di privato,[7] principe, presuppone o virtù o fortuna,[8] pare che l'una o l'altra di queste dua cose mitighi, in parte, di molte difficultà; nondimanco, colui che è stato meno in sulla fortuna, si è mantenuto più.[9] Genera ancora facilità essere il principe costretto, per non avere altri stati, venire personalmente ad abitarvi. Ma per venire a quelli che per propria virtù e non per fortuna, sono diventati principi, dico che li più eccellenti sono Moisè, Ciro, Romulo, Teseo e simili.[10] E benché di Moisè non si debba ragionare,[11] sendo suto uno mero esecutore[12] delle cose che gli erano ordinate da Dio, tamen debbe essere ammirato solum per quella grazia che lo faceva degno di parlare con Dio. Ma consideriamo Ciro e gli altri che hanno acquistato o fondato regni: li troverrete tutti mirabili; e se si consideranno le azioni e ordini loro particulari, parranno non discrepanti da quelli di Moisè, che ebbe sì gran precettore. Ed esaminando le azioni e vita loro, non si vede che quelli avessino altro dalla fortuna che la occasione; la quale dette loro materia a potere introdurvi dentro quella forma parse loro; e sanza quella occasione la virtù dello animo loro si sarebbe spenta, e sanza quella virtù la occasione sarebbe venuta invano.

Era dunque necessario a Moisè trovare il populo d'Isdrael, in Egitto, stiavo e oppresso dagli Egizii, acciò che quelli, per uscire di servitù, si disponessino a seguirlo. Conveniva che Romulo non capissi in Alba,[13] fussi stato esposto al nascere, a volere che diventassi re di Roma e fondatore di quella patria. Bisognava che Ciro trovassi e' Persi mal contenti dello imperio

[7] «semplice cittadino».
[8] «o una pianificazione razionale o una serie fortunata di contingenze».
[9] «nondimeno, colui che ha meno usufruito di contingenze favorevoli, ha conservato maggiormente il potere.»
[10] Mosè, il mitico legislatore del popolo ebreo (forse, XIII sec. a.C.; Romolo, il tradizionale primo re romano (VIII sec. a.C.); Teseo, mitico re di Atene (XII sec. a.C.).
  Ciro è, invece, storico fondatore della monarchia persiana (560 a.C.).
[11] «discutere».
[12] «essendo stato un puro esecutore».
[13] «non si accontentasse di Alba».

de' Medi, e li Medi molli ed effeminati per la lunga pace. Non posseva Teseo dimostrare la sua virtù, se non trovava gli Ateniesi dispersi. Queste occasioni, pertanto, feciono questi uomini felici, e la eccellente virtù loro fece quella occasione essere conosciuta; donde la loro patria ne fu nobilitata e diventò felicissima.

Quelli e' quali per vie virtuose, simili a costoro, diventano principi, acquistano el principato con difficultà, ma con facilità lo tengono; e le difficultà che gli hanno nello acquistare el principato, in parte nascono da' nuovi ordini e modi[14] che sono forzati introdurre per fondare lo stato loro e la loro securtà. E debbasi considerare come non è cosa più difficile a trattare, né più dubia a riuscire, né più periculosa a maneggiare, che farsi capo a introdurre nuovi ordini; perché lo introduttore ha per nimici tutti quelli che degli ordini vecchi fanno bene, e ha tepidi defensori tutti quelli che degli ordini nuovi farebbono bene.[15] La quale tepidezza nasce, parte per paura degli avversarii, che hanno le leggi dal canto loro, parte dalla incredulità degli uomini, li quali non credano[16] in verità le cose nuove, se non ne veggano nata una ferma esperienza; donde nasce che qualunque volta quelli che sono nimici hanno occasione di assaltare, lo fanno partigianamente, e quegli altri defendano tepidamente: in modo che insieme con loro si periclita.[17] È necessario pertanto, volendo discorrere bene questa parte, esaminare se questi innovatori stanno per loro medesimi o se dependano da altri;[18] cioè, se per condurre l'opera loro bisogna che preghino, ovvero possono forzare.[19] Nel primo caso capitano sempre male e non conducano cosa alcuna; ma, quando dependono da lo-

---

[14] «derivano in parte dalle nuove istituzioni e dai nuovi comportamenti politici».
[15] «che diventare un innovatore politico; perché l'innovatore ha per nemici tutti quelli che hanno un utile nelle vecchie istituzioni, e ha per tiepidi difensori tutti quelli che avrebbero un utile nelle nuove istituzioni.»
[16] «che non credono».
[17] «ci si basa sulla instabilità».
[18] «se questi innovatori sono autonomi o eteronomi».
[19] «agire con determinazione».

ro proprii e possono forzare, allora è che rare volte periclitano. Di qui nacque che tutti e' profeti armati vinsono, e li disarmati ruinorono.[20] Perché, oltre alle cose dette, la natura de' populi è varia;[21] ed è facile a persuadere loro una cosa, ma è difficile fermarli in quella persuasione; e però conviene essere ordinato in modo che, quando e' non credono più, si possa fare loro credere per forza. Moisè, Ciro, Teseo e Romulo non arebbono possuto[22] fare osservare loro lungamente le loro costituzioni, se fussino stati disarmati: come ne' nostri tempi intervenne a fra' Girolamo Savonerola;[23] il quale ruinò ne' sua ordini nuovi, come la moltitudine cominciò a non credergli; e lui non aveva modo a tenere fermi quelli che avevano creduto, né a far credere e' discredenti. Però[24] questi tali hanno nel condursi gran difficultà, e tutti e' loro periculi sono fra via, e conviene che con la virtù li superino: ma superati che gli hanno, e che cominciano ad essere in venerazione, avendo spenti quelli che di sua qualità li avevano invidia, rimangono potenti, securi, onorati, felici.

A sì alti esempli io voglio aggiugnere uno esemplo minore; ma bene arà qualche proporzione con quelli, e voglio mi basti per tutti gli altri simili: e questo è Ierone[25] Siracusano. Costui, di privato, diventò principe di Siracusa; né ancora lui conobbe altro dalla fortuna che la occasione; perché, sendo e' Siracusani oppressi, lo elessono per loro capitano, donde meritò d'essere fatto loro principe. E fu di tanta virtù, etiam in privata fortuna, che chi ne scrive, dice «quod nihil illi deerat ad regnandum

[20] «Da questo fatto dipese che tutti i profeti armati vinsero, e i disarmati andarono in rovina.»
[21] «variabile».
[22] «potuto».
[23] Gerolamo Savonarola (1452-1498), il frate domenicano che profetizzò sciagure per Firenze e per l'Italia, ordinatore teocratico della Repubblica fiorentina alla cacciata dei Medici (1494). Osteggiato dai Palleschi (partigiani dei Medici), dai Francescani, da Alessandro VI, fu impiccato ed arso in piazza della Signoria, il 23 maggio 1498.
[24] «Perciò».
[25] Gerone II, tiranno di Siracusa (306-215 a.C.), divenne re nel 265, dopo la vittoria sui Mamertini a Messina.

praeter regnum».[26] Costui spense la milizia vecchia, ordinò della nuova; lasciò le amicizie antiche, prese delle nuove; e come ebbe amicizie e soldati che fussino suoi, possé in su tale fondamento edificare ogni edifizio: tanto che lui durò assai fatica in acquistare e poca in mantenere.

[26] Giustino, *Epit.* XXIII, 4, 15, dice, più esattamente: «prorsus ut nihil ei regium deesse praeter regnum videretur».

VII

DE PRINCIPATIBUS NOVIS QUI ALIENIS ARMIS ET FORTUNA ACQUIRUNTUR*

Coloro e' quali solamente per fortuna diventano, di privati, principi, con poca fatica diventano, ma con assai si mantengono; e non hanno alcuna difficultà fra via, perché vi volano; ma tutte le difficultà nascono quando e' sono posti. E questi tali sono quando è concesso ad alcuno uno stato o per danari o per grazia di chi lo concede: come intervenne a molti in Grecia, nelle città di Ionia e di Ellesponto, dove furono fatti principi da Dario,[1] acciò le tenessino per sua securtà e gloria; come erano fatti ancora quegli imperadori[2] che, di privati, per corruzione de' soldati, pervenivano allo imperio. Questi stanno[3] semplicemente in sulla volontà e fortuna di chi lo ha concesso loro, che sono dua cose volubilissime e instabili; e non sanno e non possono tenere quel grado. Non sanno, perché, se non è uomo di grande ingegno e virtù, non è ragionevole che, sendo sempre vissuto in privata fortuna, sappi comandare; non possono, perché non hanno forze che li possino essere amiche e fedeli. Di poi, gli stati che vengano subito,[4] come tutte le altre cose della natura che nascono e crescono presto, non possono avere le barbe e corrispondenzie loro;[5] in modo che el primo tempo

---

* VII - I PRINCIPATI NUOVI CHE SI CONQUISTANO CON ESERCITI DI ALTRI E PER CONTINGENZE FAVOREVOLI

[1] Dario divise l'impero in una ventina di «satrapie».
[2] (romani).
[3] «dipendono».
[4] «nascono rapidamente».
[5] «le loro radici e ramificazioni».

avverso le spegne; se già quelli tali, come è detto, che sì de repente sono diventati principi, non sono di tanta virtù che quello che la fortuna ha messo loro in grembo, e' sappino subito prepararsi a conservarlo, e quelli fondamenti che gli altri hanno fatti avanti che diventino principi, li faccino poi.

Io voglio all'uno e all'altro di questi modi detti, circa il diventare principe per virtù o per fortuna, addurre dua esempli stati ne' dì della memoria nostra: e questi sono Francesco Sforza e Cesare Borgia.[6] Francesco, per li debiti mezzi e con una grande sua virtù, di privato diventò duca di Milano; e quello che con mille affanni aveva acquistato, con poca fatica mantenne. Dall'altra parte Cesare Borgia,[7] chiamato dal vulgo duca Valentino, acquistò lo stato con la fortuna del padre, e con quella lo perdé; nonostante che per lui si usassi ogni opera e facessi tutte quelle cose che per uno prudente e virtuoso uomo si doveva fare per mettere le barbe sue in quelli stati che l'arme e fortuna di altri gli aveva concessi. Perché, come di sopra si disse, chi non fa e' fondamenti prima, li potrebbe con una gran virtù farli poi, ancora che si faccino con disagio dello architettore[8] e periculo dello edifizio. Se, adunque, si considerrà tutti e' progressi[9] del duca, si vedrà lui aversi fatti gran fondamenti alla futura potenzia; li quali non iudico superfluo discorrere, perché io non saprei quali precetti mi dare migliori a uno principe nuovo, che lo esemplo delle azioni sua: e se gli ordini suoi non li profittorono, non fu sua colpa, perché nacque da una estraordinaria ed estrema malignità di fortuna.

Aveva Alessandro VI, nel volere fare grande el duca suo figliuolo, assai difficultà presenti e future. Prima, e' non vedeva via di poterlo fare signore di alcuno stato che non fussi stato di Chiesa; e volgendosi a torre quello della Chiesa, sapeva che el duca di Milano e Viniziani non gnene consentirebbano;[10]

[6] Cfr. cap. I.
[7] Cfr. cap. III.
[8] «architetto».
[9] «i comportamenti politici».
[10] «glielo avrebbero consentito». Ludovico il Moro controllava Forlì e Pesaro. Faenza e Rimini erano protettorati veneziani.

perché Faenza e Rimino erano di già sotto la protezione de' Viniziani. Vedeva, oltre di questo, l'arme[11] di Italia, e quelle in spezie di chi si fussi possuto servire, essere in le mani di coloro che dovevano temere la grandezza del papa: e però non se ne poteva fidare, sendo tutte negli Orsini e Colonnesi e loro complici.[12] Era, adunque, necessario che si turbassino quegli ordini, e disordinare[13] li stati di coloro, per potersi insignorire securamente di parte di quelli. Il che li fu facile, perché trovò e' Viniziani che, mossi da altre cagioni, si erono vòlti a fare ripassare e' Franzesi in Italia; il che non solamente non contradisse, ma lo fe' più facile con la resoluzione del matrimonio antiquo[14] del re Luigi. Passò, adunque, il re in Italia con lo aiuto de' Viniziani e consenso di Alessandro; né prima fu in Milano, che il papa ebbe da lui gente per la impresa di Romagna;[15] la quale gli fu consentita per la reputazione del re. Acquistata, adunque, el duca la Romagna, e sbattuti e' Colonnesi, volendo mantenere quella e procedere più avanti, lo impedivano dua cose: l'una, l'arme sua che non gli parevano fedeli, l'altra, la volontà di Francia: cioè che l'arme Orsine, delle quali s'era valuto, gli mancassino sotto, e non solamente l'impedissino lo acquistare, ma gli togliessino lo acquistato, e che il re ancora non li facessi el simile. Degli Orsini[16] ne ebbe uno riscontro quando, dopo la espugnazione di Faenza, assaltò Bologna, ché li vidde andare freddi in quello assalto: e circa il re, conobbe l'animo suo quando, preso il ducato di Urbino, assaltò la Toscana;[17] dalla quale impresa el re lo fece desistere. Onde che il duca deliberò non

[11] «gli eserciti».
[12] Baroni romani (Orsini, Savelli, Colonna, ecc.) e signori dell'Italia centrale (Vitelli, Baglioni) erano i principali condottieri delle milizie italiane, ma anche un freno al dominio temporale della Chiesa.
[13] «disarticolare».
[14] Cfr. cap. III.
[15] Con l'aiuto militare francese di trecento lance e quattromila Svizzeri, il Valentino iniziò la conquista della Romagna (novembre 1499-gennaio 1503). Questo aiuto seguì l'accordo tra Luigi XII e Alessandro VI.
[16] A causa delle incertezze di Paolo Orsini, il Valentino non riuscì ad occupare Bologna.
[17] Cfr. cap. III. Urbino fu conquistata nel 1502.

dependere più dalle arme e fortuna di altri. E la prima cosa, indebolì le parti Orsine e Colonnese in Roma; perché tutti gli aderenti loro che fussino gentili[18] uomini, se li guadagnò, faccendoli suoi gentili uomini e dando loro grandi provvisioni;[19] e onorolli, secondo le loro qualità, di condotte e di governi;[20] in modo che in pochi mesi negli animi loro l'affezione delle parti si spense, e tutta si volse nel duca. Dopo questa, aspettò la occasione di spegnere e' capi Orsini, avendo dispersi quelli di casa Colonna; la quale li venne bene, e lui la usò meglio. Perché, avvedutisi gli Orsini, tardi, che la grandezza del duca e della Chiesa era la loro ruina, feciono una dieta alla Magione,[21] nel Perugino; da quella nacque la rebellione di Urbino e li tumulti di Romagna e infiniti periculi del duca; li quali tutti superò con lo aiuto de' Franzesi. E ritornatogli la reputazione, né si fidando di Francia né di altre forze esterne, per non le avere a cimentare, si volse agli inganni. E seppe tanto dissimulare l'animo suo, che gli Orsini medesimi, mediante el signor Paulo,[22] si riconciliorono seco; con il quale el duca non mancò d'ogni ragione di offizio per assicurarlo, dandogli danari, veste e cavalli; tanto che la simplicità loro li condusse a Sinigaglia[23] nelle sue mani. Spenti, adunque, questi capi, e ridotti li partigiani loro amici sua, aveva il duca gittati assai buoni fondamenti alla potenzia sua, avendo tutta la Romagna con il ducato di Urbino, parendogli, massime, aversi acquistata amica la Romagna e guadagnatosi tutti quelli popoli, per avere cominciato a gustare el bene essere loro.

[18] «nobili».
[19] «appannaggi».
[20] «comandi militari ed incarichi politici».
[21] Il 9 ottobre 1502 gli Orsini, i Bentivoglio, i Baglioni, Vitellozzo Vitelli, Oliverotto da Fermo, e Antonio da Venafro, stipularono una Lega contro il Valentino, nel luogo della Magione, vicino a Perugia.
[22] Paolo Orsini si riconciliò, anche a nome degli altri, con il Valentino ad Imola (25 ottobre 1502).
[23] Il 31 dicembre 1502 il Valentino entrò in Senigallia, accompagnato, tra l'altro, dal mandatario della Repubblica Fiorentina, Niccolò Machiavelli. In quel giorno fece strangolare Vitellozzo Vitelli e Oliverotto da Fermo, e pochi giorni dopo Paolo Orsini e il duca di Gravina, Orsini. (Cfr. *Descrizione del modo tenuto dal Duca Valentino* ecc.)

E perché questa parte è degna di notizia e da essere imitata da altri, non la voglio lasciare indrieto. Preso che ebbe il duca la Romagna, e trovandola suta comandata da signori impotenti, li quali più presto avevano spogliato e' loro sudditi che corretti, e dato loro materia di disunione, non di unione, tanto che quella provincia era tutta piena di latrocinii, di brighe e di ogni altra ragione di insolenzia, iudicò fussi necessario, a volerla ridurre pacifica e obediente al braccio regio, darli buon governo. Però vi prepose messer Remirro de Orco,[24] uomo crudele ed espedito, al quale dette pienissima potestà. Costui in poco tempo la ridusse pacifica e unita, con grandissima reputazione. Di poi iudicò el duca non essere necessario sì eccessiva autorità, perché dubitava non divenissi odiosa; e preposevi uno iudicio[25] civile nel mezzo della provincia, con uno presidente eccellentissimo, dove ogni città vi aveva lo avvocato suo. E perché conosceva le rigorosità passate averli generato qualche odio, per purgare gli animi di quelli populi e guadagnarseli in tutto, volle mostrare che, se crudeltà alcuna era seguìta, non era nata da lui, ma dalla acerba natura del ministro. E presa sopr'a questo occasione, lo fece a Cesena, una mattina, mettere in dua pezzi in sulla piazza, con uno pezzo di legno e uno coltello sanguinoso a canto. La ferocità del quale spettaculo fece quelli populi in uno tempo rimanere satisfatti e stupidi.[26]

Ma torniamo donde noi partimmo. Dico che, trovandosi il duca assai potente e in parte assicurato de' presenti periculi, per essersi armato a suo modo e avere in buona parte spente quelle arme che, vicine, lo potevano offendere, gli restava, volendo procedere con lo acquisto, il respetto[27] del re di Francia; perché conosceva come dal re, il quale tardi si era accorto dello errore suo, non li sarebbe sopportato. E cominciò per questo a cercare di amicizie nuove, e vacillare con Francia, nella venuta che fecíono gli Franzesi verso el regno di Napoli contro agli

---

[24] Ramiro de Lorqua, luogotenente in Romagna nel 1501. Fu ucciso il 26 dicembre 1502.
[25] «tribunale».
[26] «stupìti».
[27] «timore» (dal latino *respectus*).

Spagnuoli che assediavano Gaeta.[28] E l'animo suo era assicurarsi di loro;[29] il che gli sarebbe presto riuscito, se Alessandro viveva.

E questi furono e' governi suoi[30] quanto alle cose presenti. Ma quanto alle future, lui aveva a dubitare, in prima, che uno nuovo successore alla Chiesa non li fussi amico e cercassi tòrli[31] quello che Alessandro gli aveva dato. Di che pensò assicurarsi in quattro modi: prima, di spegnere tutti e' sangui di quelli signori che lui aveva spogliati, per torre al papa quella occasione: secondo, di guadagnarsi tutti e gentili uomini di Roma, come è detto, per potere con quelli tenere el papa in freno: terzo, ridurre el Collegio[32] più suo che poteva: quarto, acquistare tanto imperio,[33] avanti che il papa morissi, che potessi per se medesimo resistere a uno primo impeto. Di queste quattro cose, alla morte di Alessandro ne aveva condotte tre; la quarta aveva quasi per condotta; perché de' signori spogliati ne ammazzò quanti ne possé aggiugnere, e pochissimi si salvorono; e' gentili uomini romani si aveva guadagnati, e nel Collegio aveva grandissima parte: e, quanto al nuovo acquisto, aveva disegnato diventare signore di Toscana, e possedeva di già Perugia e Piombino, e di Pisa[34] aveva presa la protezione. E come non avessi avuto ad avere respetto a Francia (ché non gliene aveva ad avere più, per essere di già e' Franzesi spogliati del Regno dagli Spagnoli, di qualità che ciascuno di loro era necessitato comperare l'amicizia sua), e' saltava in Pisa. Dopo questo, Lucca e Siena cedeva subito, parte per invidia de' Fiorentini, parte per

---

[28] I Francesi si ritirarono da Gaeta (1 gennaio 1504). Papa Alessandro VI intraprese allora rapporti diplomatici con gli Spagnoli vincitori, ma poi morì improvvisamente il 18 agosto 1503, e si credette, allora, che fosse stato avvelenato (cfr. Guicciardini, *Storia d'Italia*, VI, 4).

[29] «E il suo obiettivo era ottenere la non aggressione».

[30] «E questi furono i suoi comportamenti politici».

[31] «toglierli».

[32] (dei Cardinali).

[33] «potere».

[34] Il Valentino conquistò Piombino nel settembre 1501, Perugia nel gennaio 1503, ed era in trattative per Pisa: un vero e proprio accerchiamento della Repubblica Fiorentina.

paura; e' Fiorentini non avevano remedio. Il che se li fusse riuscito (che gli riusciva l'anno medesimo che Alessandro morì), si acquistava tante forze e tanta reputazione, che per se stesso si sarebbe retto, e non sarebbe più dependuto dalla fortuna e forze di altri, ma dalla potenzia e virtù sua.[35] Ma Alessandro morì dopo cinque anni[36] ch'egli aveva cominciato a trarre fuora la spada. Lasciollo con lo stato di Romagna solamente assolidato, con tutti gli altri in aria, intra dua potentissimi eserciti inimici,[37] e malato a morte. Ed era nel duca tanta ferocia e tanta virtù,[38] e sì bene conosceva come gli uomini si hanno a guadagnare o perdere, e tanto erano validi e' fondamenti che in sì poco tempo si aveva fatti, che, se lui non avessi avuto quegli eserciti addosso, o lui fussi stato sano, arebbe retto a ogni difficultà. E ch' e' fondamenti sua fussino buoni, si vidde: ché la Romagna lo aspettò più di uno mese;[39] in Roma, ancora che mezzo vivo, stette sicuro; e benché Baglioni, Vitelli e Orsini venissino in Roma, non ebbono sèguito contro di lui:[40] possé fare, se non chi e' volle, papa, almeno che non fussi chi non voleva. Ma se nella morte di Alessandro[41] lui fussi stato sano, ogni cosa gli era facile. E lui mi disse,[42] ne' dì che fu creato Iulio II, che aveva pensato a ciò che potessi nascere, morendo el padre, e a tutto aveva trovato remedio, eccetto che non pensò mai, in su la sua morte, di stare ancora lui per morire.

---

[35] «da gestire autonomamente il proprio potere e non sarebbe più dipeso dalle sorti e dagli eserciti degli altri, ma soltanto dalla propria potenza e dal proprio controllo razionale.»

[36] 1499-1503.

[37] Gli Spagnoli assediavano Gaeta, e i Francesi erano nelle vicinanze di Roma.

[38] «Ma era nel duca così grande indipendenza e così grande capacità razionale».

[39] Le città della Romagna tennero «fede» al duca (cfr. lettera del 28 novembre 1503).

[40] «non poterono danneggiarlo».

[41] Giuliano della Rovere, papa Giulio II, era stato nemico dei Borgia. Ma, per ottenere i voti dei cardinali borgiani, promise, tramite un accordo, al Valentino di crearlo Gonfaloniere generale della Chiesa e di reintegrarlo nello Stato di Romagna.
Non mantenne, in seguito, le promesse.

[42] Il M. era allora mandatario a Roma. La frase è ripresa anche dal Guicciardini (*Storia d'Italia*, VI, 4).

Raccolte io adunque tutte le azioni del duca, non saprei re-prenderlo; anzi mi pare, come ho fatto, di preporlo imitabile a tutti coloro che per fortuna e con l'arme d'altri sono ascesi allo imperio. Perché lui, avendo l'animo grande e la sua intenzione alta, non si poteva governare altrimenti; e solo si oppose alli sua disegni la brevità della vita di Alessandro e la malattia sua. Chi, adunque, iudica necessario nel suo principato nuovo assi-curarsi de' nimici, guadagnarsi degli amici, vincere o per forza o per fraude, farsi amare e temere da' populi, seguire e reverire da' soldati, spegnere quelli che ti possono o debbono offende-re, innovare con nuovi modi gli ordini antiqui, essere severo e grato, magnanimo e liberale, spegnere la milizia infedele, crea-re della nuova, mantenere le amicizie de' re e de' principi in modo che ti abbino o a benificare con grazia o offendere con respetto, non può trovare e' più freschi esempli che le azioni di costui. Solamente si può accusarlo nella creazione di Iulio pon-tefice, nella quale lui ebbe mala elezione; perché, come è detto, non potendo fare uno papa a suo modo, e' poteva tenere che uno non fussi papa; e non doveva mai consentire al papato di quelli cardinali che lui avessi offesi, o che, diventati papi, aves-sino ad avere paura di lui. Perché gli uomini offendono o per paura o per odio. Quelli che lui aveva offesi erano, infra gli al-tri, San Piero ad Vincula, Colonna, San Giorgio, Ascanio;[43] tutti gli altri, divenuti papi, aveano a temerlo, eccetto Roano[44] e li Spagnuoli: questi per coniunzione e obligo; quello per po-tenzia, avendo coniunto seco il regno di Francia.[45] Pertanto el duca, innanzi a ogni cosa, doveva creare papa uno spagnolo, e, non potendo, doveva consentire che fussi Roano e non San Piero ad Vincula. E chi crede che ne' personaggi grandi e' be-nefizii nuovi faccino dimenticare le iniurie vecchie, s'inganna. Errò, adunque, el duca in questa elezione; e fu cagione dell'ul-tima ruina sua.

---

[43] Giuliano della Rovere, poi Giulio II; Giovanni Colonna; Raffaele Riario; Ascanio Sforza.
[44] Giorgio d'Amboise, cardinale di Rouen (cfr. cap. III).
[45] «questo, perché connazionale e perché favorito da Alessandro VI; quello per potere, perché dietro di lui c'era il regno di Francia.»

VIII

DE HIS QUI PER SCELERA AD PRINCIPATUM PERVENERE*

Ma perché di privato si diventa principe ancora in dua modi, il che non si può al tutto o alla fortuna o alla virtù attribuire, non mi pare da lasciarli indrieto, ancora che dell'uno si possa più diffusamente ragionare dove si trattassi delle republiche. Questi sono, quando o per qualche via scellerata e nefaria si ascende al principato, o quando uno privato cittadino con il favore degli altri suoi cittadini diventa principe della sua patria.[1] E parlando del primo modo, si mostrerà con dua esempli, l'uno antiquo, l'altro moderno, sanza intrare altrimenti ne' meriti di questa parte, perché io iudico che basti, a chi fussi necessitato, imitargli.

Agatocle[2] Siciliano, non solo di privata ma di infima e abietta fortuna, divenne re di Siracusa. Costui, nato di uno figulo,[3] tenne sempre, per li gradi della sua età, vita scellerata: nondimanco, accompagnò le sue scelleratezze con tanta virtù di animo e di corpo, che, voltosi alla milizia, per li gradi di quella pervenne ad essere pretore[4] di Siracusa. Nel quale grado sendo

---

* VIII - IL DELITTO POLITICO COME MEZZO DI ACQUISIZIONE DEL PRINCIPATO

[1] Cfr. cap. IX.

[2] Agatocle (360-289). Tiranno di Siracusa dal 316 a.C., sull'esempio di Dioniso il Vecchio cercò di unificare la Sicilia greca, cosa che gli riuscì, seppur parzialmente, nel 305-304.

Qui M. non segue la fonte greca (Diodoro, Polibio) ma quella latina (Giustino, *Epit.* XXII, 1-2).

[3] «vasaio».

[4] «comandante militare».

costituito, e avendo deliberato diventare principe e tenere con violenzia e sanza obligo d'altri quello che d'accordo gli era suto concesso, e avuto di questo suo disegno intelligenzia con Amilcare[5] cartaginese, il quale con gli eserciti militava in Sicilia, raunò una mattina il populo e il Senato di Siracusa, come se egli avessi avuto a deliberare cose pertinenti alla republica; e, ad uno cenno ordinato, fece da' sua soldati uccidere tutti li senatori e li più ricchi del popolo; li quali morti[6] occupò e tenne il principato di quella città sanza alcuna controversia civile. E benché da' Cartaginesi fussi due volte rotto e demum assediato, non solum[7] possé defendere la sua città, ma, lasciato parte delle sue genti alla difesa della obsidione,[8] con le altre assaltò l'Affrica, e in breve tempo liberò Siracusa dallo assedio e condusse e' Cartaginesi in estrema necessità: e furono necessitati accordarsi con quello, essere contenti della possessione di Affrica, e ad Agatocle lasciare la Sicilia. Chi considerassi, adunque, le azioni e vita di costui, non vedrà cose, o poche, le quali possa attribuire alla fortuna; con ciò sia cosa, come di sopra è detto, che, non per favore d'alcuno, ma per li gradi della milizia, li quali con mille disagi e periculi si aveva guadagnati, pervenissi al principato, e quello di poi con tanti partiti animosi e periculosi mantenessi. Non si può ancora chiamare virtù ammazzare e' sua cittadini, tradire gli amici, essere sanza fede, sanza pietà, sanza religione; li quali modi possono fare acquistare imperio, ma non gloria. Perché, se si considerassi la virtù di Agatocle nello entrare e nello uscire de' periculi, e la grandezza dello animo suo nel sopportare e superare le cose avverse, non si vede perché egli abbia ad essere iudicato inferiore a qualunque eccellentissimo capitano; nondimanco, la sua efferata crudeltà e inumanità, con infinite scelleratezze, non consentono che sia infra gli eccellentissimi uomini celebrato. Non si

[5] Amilcare Barca, antenato di Annibale, comandante delle truppe cartaginesi in Sicilia.
[6] «uccisi».
[7] «infine [...] non solo [...]».
[8] «per difendersi dall'assedio».

può, adunque, attribuire alla fortuna o alla virtù quello che sanza l'una e l'altra fu da lui conseguito.

Ne' tempi nostri, regnante Alessandro VI, Liverotto firmano[9] sendo più anni innanzi rimaso, piccolo, sanza padre, fu da uno suo zio materno, chiamato Giovanni Fogliani, allevato, e ne' primi tempi della sua gioventù dato a militare sotto Paulo Vitelli,[10] acciò che, ripieno di quella disciplina, pervenissi a qualche eccellente grado di milizia. Morto di poi Paulo, militò sotto Vitellozzo[11] suo fratello; e in brevissimo tempo, per essere ingegnoso, e della persona e dello animo gagliardo, diventò el primo uomo della sua milizia. Ma parendogli cosa servile lo stare con altri, pensò, con lo aiuto di alcuni cittadini di Fermo a' quali era più cara la servitù che la libertà della loro patria, e con il favore vitellesco, di occupare Fermo; e scrisse a Giovanni Fogliani come, sendo stato più anni fuora di casa, voleva venire a vedere lui e la sua città, e in qualche parte riconoscere el suo patrimonio; e perché non si era affaticato per altro che per acquistare onore, acciò che e' suoi cittadini vedessino come non aveva speso el tempo in vano, voleva venire onorevole e accompagnato da cento cavalli[12] di sua amici e servidori; e pregavalo fussi contento ordinare che da' Firmani fussi ricevuto onoratamente; il che non solamente tornava onore a lui, ma a sé proprio, sendo suo allievo. Non mancò, pertanto, Giovanni di alcuno offizio debito verso el nipote;[13] e fattolo ricevere da' Firmani onoratamente, si alloggiò nelle case sua: dove, passato alcuno giorno, e atteso ad ordinare secretamente quello che alla sua futura sceleratezza era necessario, fece uno convito solennissimo, dove invitò Giovanni Fogliani e tutti li primi uomini di Fermo. E consumate che furono le vivande e tutti gli altri intrattenimenti che in simili conviti si usano, Liverotto, ad arte,

---

[9] Oliverotto Euffreducci da Fermo si impadronì del potere il 26 dicembre 1501. Fu fatto ammazzare dal Valentino l'anno dopo a Senigallia.
[10] Paolo Vitelli, comandante delle truppe fiorentine nella guerra di Pisa. Fu sospettato di tradimento e giustiziato il 1 ottobre 1499 a Firenze.
[11] Anche lui ammazzato a Senigallia.
[12] «cento cavalieri».
[13] «di ricevere solennemente il nipote».

mosse certi ragionamenti gravi, parlando della grandezza di papa Alessandro e di Cesare suo figliuolo, e delle imprese loro. A'
quali ragionamenti respondendo Giovanni e gli altri, lui a un
tratto si rizzò, dicendo quelle essere cose da parlarne in loco
più secreto;[14] e ritirossi in una camera, dove Giovanni e tutti
gli altri cittadini gli andarono drieto. Né prima furono posti a
sedere, che de' luoghi secreti di quella uscirono soldati, che am-
mazzorono Giovanni e tutti gli altri. Dopo il quale omicidio,
montò Liverotto a cavallo, e corse la terra, e assediò nel palazzo il supremo magistrato;[15] tanto che, per paura, furono costretti obedirlo, e fermare uno governo del quale si fece principe. E morti tutti quelli che, per essere mal contenti, lo potevono offendere, si corroborò con nuovi ordini civili e militari; in
modo che, in spazio d'uno anno che tenne el principato, non
solamente lui era sicuro nella città di Fermo, ma era diventato
pauroso a tutti e' sua vicini. E sarebbe suta la sua espugnazione
difficile come quella di Agatocle, se non si fussi lasciato ingannare da Cesare Borgia, quando a Sinigaglia, come di sopra si
disse, prese gli Orsini e Vitelli; dove, preso ancora[16] lui, in uno
anno dopo el commisso parricidio,[17] fu, insieme con Vitellozzo, il quale aveva avuto maestro delle virtù e scelleratezze sua,
strangolato.

Potrebbe alcuno dubitare donde nascessi che Agatocle e alcuno simile, dopo infiniti tradimenti e crudeltà, possé vivere
lungamente sicuro nella sua patria e defendersi dagli inimici
esterni, e da' suoi cittadini non gli fu mai cospirato contro; con
ciò sia che molti altri, mediante la crudeltà, non abbino, etiam
ne' tempi pacifici, possuto mantenere lo stato, non che ne'
tempi dubbiosi di guerra. Credo che questo avvenga dalle crudeltà male usate o bene usate.[18] Bene usate si possono chiama-

[14] «appartato».
[15] «magistratura».
[16] «anche».
[17] «dopo l'uccisione dello zio».
[18] «Credo che questo dipenda dal cattivo uso o dal buon uso del delitto politico.»

re quelle (se del male è licito dire bene) che si fanno a uno tratto, per la necessità dello assicurarsi, e di poi non vi si insiste drento, ma si convertiscono in più utilità de' sudditi che si può.[19] Male usate sono quelle le quali, ancora che nel principio sieno poche, più tosto col tempo crescono che le si spenghino. Coloro che osservano el primo modo, possono con Dio e con gli uomini avere allo stato loro qualche remedio, come ebbe Agatocle; quegli altri è impossibile si mantenghino.

Onde è da notare che, nel pigliare uno stato, debbe l'occupatore di esso discorrere tutte quelle offese che gli è necessario fare; e tutte farle a un tratto, per non le avere a rinnovare ogni dì, e potere, non le innovando, assicurare gli uomini e guadagnarseli con benificarli. Chi fa altrimenti, o per timidità o per mal consiglio, è sempre necessitato tenere il coltello in mano; né mai può fondarsi sopra li sua sudditi, non si potendo quelli, per le fresche e continue iniurie, assicurare di lui. Perché le iniurie si debbono fare tutte insieme, acciò che, assaporandosi meno, offendino meno: e' benefizii si debbono fare a poco a poco, acciò si assaporino meglio. E debbe, sopra tutto, uno principe vivere con li suoi sudditi in modo che veruno accidente o di male o di bene lo abbi a far variare; perché, venendo, per li tempi avversi, le necessità, tu non se' a tempo al male, e il bene che tu fai non ti giova, perché è iudicato forzato, e non te n'è saputo grado alcuno.

[19] «Si può definire buon uso del delitto politico (se è lecito parlare bene del male) il delitto istantaneo, fatto per la necessità di mantenere il potere, che poi non si continua, ma si converte nel più grande utile dei sudditi.»

IX

DE PRINCIPATU CIVILI*

Ma venendo all'altra parte, quando uno privato cittadino, non per scelleratezza o altra intollerabile violenzia, ma con il favore degli altri suoi cittadini diventa principe della sua patria (il quale si può chiamare principato civile; né a pervenirvi è necessario o tutta virtù o tutta fortuna, ma più presto una astuzia fortunata),[1] dico che si ascende a questo principato o con il favore del populo o con quello de' grandi.[2] Perché in ogni città si trovano questi dua umori[3] diversi; e nasce da questo, che il populo desidera non essere comandato né oppresso da' grandi, e li grandi desiderano comandare e opprimere il populo; e da questi dua appetiti diversi[4] nasce nelle città uno de' tre effetti, o principato o libertà o licenzia.

El principato è causato o dal populo o da' grandi, secondo che l'una o l'altra di queste parti ne ha la occasione. Perché, vedendo e' grandi non potere resistere al populo, cominciano a voltare la reputazione[5] a uno di loro, e fannolo principe per potere, sotto la sua ombra, sfogare il loro appetito. El populo ancora, vedendo non potere resistere a' grandi, volta la reputazione a uno, e lo fa principe, per essere con la autorità sua dife-

---

* IX - IL PRINCIPATO CIVILE

[1] «né a pervenirvi è necessario unicamente razionalità o casualità, ma razionalità favorita dal caso».

[2] «o col favore delle persone che hanno più potere.»

[3] «esigenze politiche».

[4] «opposte tendenze».

[5] «danno il potere».

so. Colui che viene al principato con lo aiuto de' grandi, si mantiene con più difficultà che quello che diventa con lo aiuto del populo; perché si truova principe con di molti intorno che li paiano essere sua equali, e per questo non li può né comandare né maneggiare a suo modo. Ma colui che arriva al principato con il favore popolare, vi si trova solo, e ha intorno o nessuno o pochissimi che non sieno parati a obedire. Oltre a questo, non si può con onestà[6] satisfare a' grandi e sanza iniuria d'altri, ma sì bene al populo: perché quello del populo è più onesto[7] fine che quello de' grandi, volendo questi opprimere, e quello non essere oppresso. Praeterea[8] del populo inimico uno principe non si può mai assicurare, per essere troppi; de' grandi si può assicurare, per essere pochi. El peggio che possa espettare[9] uno principe dal populo inimico, è lo essere abbandonato da lui; ma da' grandi, inimici, non solo debbe temere di essere abbandonato, ma etiam[10] che loro li venghino contro;[11] perché, sendo in quelli più vedere e più astuzia, avanzono sempre tempo per salvarsi, e cercono gradi con quello che sperano che vinca. È necessitato ancora el principe vivere sempre con quello medesimo populo; ma può ben fare sanza quelli medesimi grandi, potendo farne e disfarne ogni dì, e torre e dare, a sua posta, reputazione[12] loro.

E per chiarire meglio questa parte, dico come e' grandi si debbano considerare in dua modi principalmente: o si governano in modo, col procedere loro, che si obligano in tutto alla tua fortuna, o no. Quelli che si obligano, e non sieno rapaci, si debbono onorare ed amare; quelli che non si obligano, si hanno ad esaminare in dua modi. O fanno questo per pusillanimità e defetto naturale di animo; allora tu ti debbi servire di quelli massime che sono di buono consiglio, perché nelle prosperità te ne

[6] «dignitosamente».
[7] «più nobile».
[8] «Inoltre».
[9] «accadere a».
[10] «anche».
[11] «che lo attacchino».
[12] «togliere [...] prestigio [...]».

onori, e non hai nelle avversità da temerne; ma quando non si obligano ad arte e per cagione ambiziosa, è segno come pensano più a sé che a te; e da quelli si debbe el principe guardare, e temerli come se fussino scoperti inimici, perché sempre, nelle avversità, aiuteranno ruinarlo.

Debbe, pertanto, uno che diventi principe mediante il favore del populo, mantenerselo amico; il che li fia[13] facile, non domandando lui se non di non essere oppresso. Ma uno che, contro al populo, diventi principe con il favore de' grandi, debbe, innanzi a ogni altra cosa, cercare di guadagnarsi el populo; il che li fia facile, quando pigli la protezione sua. E perché gli uomini, quando hanno bene da chi credevano avere male, si obligano più al benificatore loro, diventa el populo, subito, più suo benivolo che se si fussi condotto al principato con li favori suoi. E puossolo el principe guadagnare in molti modi; li quali, perché variano secondo el subietto, non se ne può dare certa regola, e però si lasceranno indrieto.[14] Concluderò solo che a uno principe è necessario avere el populo amico; altrimenti non ha, nelle avversità, remedio.

Nabide,[15] principe delli Spartani, sostenne la obsidione[16] di tutta Grecia e di uno esercito romano vittoriosissimo, e difese contro a quelli la patria sua e il suo stato; e li bastò solo, sopravvenente il periculo, assicurarsi di pochi: che se egli avessi avuto el populo inimico, questo non li bastava. E non sia alcuno che repugni a questa mia opinione con quello proverbio trito,[17] che chi fonda in sul populo, fonda in sul fango; perché quello è vero quando uno cittadino privato vi fa su fondamento e dassi a intendere che il populo lo liberi, quando e' fussi oppresso da' nimici o da' magistrati (in questo caso si potrebbe trovare spesso

---

[13] «sarà».
[14] «secondo i casi, non se ne può dare una regola determinata, e perciò non se ne parlerà.»
[15] Nabide, tiranno di Sparta dal 205 al 192 a.C., fautore di una politica di redistribuzione delle terre. Attaccato nel 195 dalla Lega achea e dai Romani, perse il dominio delle città sottomesse, ma non di Sparta.
[16] «assedio».
[17] «banale».

ingannato, come a Roma e' Gracchi[18] e a Firenze messer Giorgio Scali);[19] ma sendo uno principe che vi fondi su, che possa comandare, e sia uomo di core né si sbigottisca nelle avversità, e non manchi delle altre preparazioni, e tenga con lo animo e ordini suoi animato lo universale,[20] mai si troverà ingannato da lui; e li parrà avere fatti li suoi fondamenti buoni.

Sogliono questi principati periclitare quando sono per salire dallo ordine civile allo assoluto.[21] Perché questi principi, o comandano per loro medesimi, o per mezzo de' magistrati;[22] nell'ultimo caso, è più debole e più periculoso lo stare loro,[23] perché gli stanno al tutto con la volontà di quelli cittadini che sono preposti a' magistrati: li quali, massime ne' tempi avversi, li possono torre con facilità grande lo stato, o con farli contro o con non lo obedire. E el principe non è a tempo, ne' periculi, a pigliare la autorità assoluta; perché li cittadini e sudditi, che sogliono avere e' comandamenti da' magistrati, non sono, in quelli frangenti, per obedire a' suoi; e arà sempre, ne' tempi dubii, penuria di chi lui si possa fidare. Perché simile principe non può fondarsi sopra quello che vede ne' tempi quieti, quando e' cittadini hanno bisogno dello stato; perché allora ognuno corre, ognuno promette, e ciascuno vuole morire per lui, quando la morte è discosto;[24] ma ne' tempi avversi, quando lo stato ha bisogno de' cittadini, allora se ne trova pochi. E tanto più è questa esperienzia periculosa, quanto la non si può fare se non una volta. E però uno principe savio debba pensare uno modo

---

[18] Tiberio (ucciso nel 133 a.C.) e Caio Sempronio Gracco (ucciso nel 121 a.C.), tribuni della plebe a Roma: il primo, fautore di una legge agraria che proponeva la redistribuzione delle terre dello Stato; il secondo portò avanti il programma di Tiberio, con progetti più vasti che riguardavano i Latini e le province.
In un modo o nell'altro, venne loro a mancare il consenso popolare.
[19] Capo della plebe dopo il tumulto dei Ciompi (1378), ucciso nel 1382.
[20] «e con la sua energia e i suoi provvedimenti sia l'anima di tutto quanto il popolo».
[21] «Il punto di maggiore instabilità di questi principati è situato nel passaggio da un ordinamento popolare a quello assoluto.»
[22] «magistrature».
[23] «la conservazione del potere».
[24] «lontana».

per il quale li sua cittadini, sempre e in ogni qualità di tempo, abbino bisogno dello stato e di lui; e sempre poi li[25] saranno fedeli.

[25] «gli».

X
QUOMODO OMNIUM PRINCIPATUUM VIRES PERPENDI DEBEANT*

Conviene avere, nello esaminare le qualità di questi principati, un'altra considerazione: cioè, se uno principe ha tanto stato che possa, bisognando, per se medesimo reggersi,[1] ovvero se ha sempre necessità della defensione di altri. E per chiarire meglio questa parte, dico come io iudico coloro potersi reggere per se medesimi, che possono, o per abundanzia di uomini o di danari, mettere insieme uno esercito iusto e fare una giornata[2] con qualunque li viene ad assaltare: e così iudico coloro avere sempre necessità di altri, che non possono comparire contro al nimico in campagna, ma sono necessitati rifuggirsi drento alle mura e guardare quelle.[3] Nel primo caso, si è discorso e per lo avvenire direno quello ne occorre. Nel secondo caso non si può dire altro, salvo che confortare tali principi a fortificare e munire la terra propria, e del paese non tenere alcuno conto. E qualunque arà bene fortificata la sua terra, e circa gli altri governi con li sudditi si fia maneggiato come di sopra è detto e di sotto si dirà, sarà sempre con gran rispetto assaltato; perché gli uomini sono sempre nimici delle imprese dove si vegga difficultà, né si può vedere facilità assaltando uno che abbi la sua terra gagliarda e non sia odiato dal populo.

---

* X - VALUTAZIONE DELLA FORZA
DI UN PRINCIPATO
[1] «essere autosufficiente».
[2] «battaglia campale».
[3] «difenderle».

Le città di Alamagna[4] sono liberissime, hanno poco contado,[5] e obediscano allo imperadore quando le vogliono, e non temono né quello né altro potente che le abbino intorno; perché le sono in modo fortificate, che ciascuno pensa la espugnazione di esse dovere essere tediosa e difficile. Perché tutte hanno fossi e mura conveniente; hanno artiglieria a sufficienzia; tengono sempre nelle cànove[6] publiche da bere e da mangiare e da ardere per uno anno; e oltre a questo, per potere tenere la plebe pasciuta e sanza perdita del publico, hanno sempre in comune, per uno anno, da potere dare loro da lavorare in quegli esercizii che sieno il nervo e la vita di quella città, e delle industrie de' quali la plebe pasca. Tengono ancora gli esercizii militari in reputazione, e sopra questo hanno molti ordini a mantenerli.

Uno principe, adunque, che abbi una città forte e non si facci odiare, non può essere assaltato; e se pure fussi chi lo assaltassi, se ne partirebbe con vergogna; perché le cose del mondo sono sì varie, che egli è quasi impossibile che uno potessi con gli eserciti stare uno anno ozioso a campeggiarlo.[7] E chi replicasse: se il populo arà le sue possessioni fuora, e veggale ardere, non ci arà pazienzia, e il lungo assedio e la carità propria li farà sdimenticare[8] el principe, respondo che uno principe potente e animoso supererà sempre tutte quelle difficultà, dando a' sudditi ora speranza che el male non fia lungo, ora timore della crudeltà del nimico, ora assicurandosi con destrezza di quelli che gli paressino troppo arditi. Oltre a questo, el nimico, ragionevolmente, debba[9] ardere e ruinare el paese in sulla sua giunta, e ne' tempi quando gli animi degli uomini sono ancora caldi e volonterosi alla difesa; e però[10] tanto meno el principe debbe dubitare, perché, dopo qualche giorno che gli animi sono raf-

---

[4] «tedesche».
[5] «territorio intorno alla città».
[6] «magazzini».
[7] «nell'assedio».
[8] «dimenticare completamente».
[9] «deve».
[10] «perciò».

freddi, sono di già fatti e' danni, sono ricevuti e' mali, e non vi è più remedio: e allora tanto più si vengono a unire con il loro principe, parendo che lui abbia, con loro, obligo, sendo loro sute arse le case, ruinate le possessioni, per la difesa sua. E la natura degli uomini è, così obligarsi per li benefizii che si fanno, come per quelli che si ricevano.[11] Onde, se si considerrà bene tutto, non fia difficile a uno principe prudente tenere prima e poi fermi gli animi de' sua cittadini nella obsidione, quando non li manchi da vivere né da difendersi.

[11] «ricevono».

XI

DE PRINCIPATIBUS ECCLESIASTICIS*

Restaci solamente, al presente, a ragionare de' principati ecclesiastici; circa quali tutte le difficultà sono avanti che si posseg-
ghino; perché si acquistano o per virtù o per fortuna, e sanza
l'una e l'altra si mantengano; perché sono sustentati dagli ordini antiquati nella religione,[1] quali sono suti tanto potenti e di
qualità che tengono e' loro principi in stato, in qualunque modo si procedino e vivino. Costoro soli hanno stati, e non li defendano;[2] sudditi, e non li governano: e li stati, per essere indi-
fesi, non sono loro tolti; e li sudditi, per non essere governati,
non se ne curano, né pensano né possono alienarsi[3] da loro. Solo, adunque, questi principati sono sicuri e felici. Ma sendo
quelli retti da cagioni superiore, alle quali mente umana non
aggiugne,[4] lascerò il parlarne; perché, sendo esaltati e mante-
nuti da Dio, sarebbe offizio di uomo prosuntuoso e temerario
discorrerne. Nondimanco, se alcuno mi ricercassi donde viene
che la Chiesa, nel temporale, sia venuta a tanta grandezza, con
ciò sia che, da Alessandro[5] indrieto, e' potentati italiani, e non
solum quelli che si chiamavono e' potentati, ma ogni barone e
signore, benché minimo, quanto al temporale, la estimava po-

---

* XI - I PRINCIPATI ECCLESIASTICI
[1] «perché sono sostenuti da istituzioni religiose secolari».
[2] «difendono».
[3] «distaccarsi».
[4] «da cause superiori, a cui la mente umana non arriva».
[5] Alessandro VI.

co, e ora uno re di Francia ne trema, e lo ha possuto cavare[6] di Italia e ruinare e' Viniziani; la qual cosa, ancora che sia nota, non mi pare superfluo ridurla[7] in buona parte alla memoria.

Avanti che Carlo re di Francia passassi in Italia, era questa provincia sotto lo imperio del papa, Viniziani, re di Napoli, duca di Milano e Fiorentini. Questi potentati[8] avevano ad avere dua cure principali: l'una, che uno forestiero[9] non entrassi in Italia con le armi; l'altra, che veruno di loro occupassi più stato.[10] Quelli a chi si aveva più cura erano Papa e Viniziani. E a tenere indrieto e' Viniziani, bisognava la unione di tutti gli altri, come fu nella difesa di Ferrara;[11] e a tenere basso[12] el Papa si servivano de' baroni di Roma; li quali, sendo divisi in due fazioni, Orsini e Colonnesi, sempre vi era cagione di scandolo fra loro;[13] e stando con le arme in mano in su gli occhi al pontefice, tenevano il pontificato debole e infermo. E benché surgessi qualche volta uno papa animoso,[14] come fu Sisto,[15] tamen la fortuna o il sapere non lo possé mai disobligare da queste incommodità. E la brevità della vita loro ne era cagione; perché in dieci anni che, ragguagliato,[16] viveva uno papa, a fatica che potessi sbassare una delle fazioni; e se, verbigrazia,[17] l'uno aveva quasi spenti e' Colonnesi, surgeva uno altro inimico agli Orsini, che li faceva resurgere, e gli Orsini non era a tempo a spegnere.

---

[6] «cacciare». Con la Lega di Cambrai (1508) Venezia fu sul punto di finire politicamente (Agnadello, 1509). La Lega santa (1511) fu promossa da Giulio II per cacciare i Francesi dall'Italia.
[7] «richiamare».
[8] «potenze».
[9] «straniero».
[10] «che nessuno di loro iniziasse una politica di espansione.»
[11] La cosiddetta guerra del sale, del 1482. La Lega contro Venezia fu formata da Alfonso, re di Napoli, Lorenzo il Magnifico, Lodovico Sforza e, in seguito, da papa Sisto IV. Il trattato di Bagnolo (7 agosto 1484) pose termine alla guerra.
[12] «moderare».
[13] «avevano sempre motivo di contrasto».
[14] «coraggioso».
[15] Sisto IV (1471-1484), famoso per il suo nepotismo.
[16] «in media».
[17] «per esempio».

Questo faceva che le forze temporali del papa erano poco stimate in Italia. Surse di poi Alessandro VI, il quale, di tutti e' pontefici che sono stati mai, mostrò quanto uno papa, e con il danaio e con le forze,[18] si posseva prevalere; e fece, con lo instrumento del duca Valentino e con la occasione della passata de' Franzesi, tutte quelle cose che io discorro[19] di sopra nelle azioni del duca. E benché lo intento suo non fussi fare grande la Chiesa, ma il duca, nondimeno ciò che fece tornò a grandezza della Chiesa; la quale, dopo la sua morte, spento il duca, fu erede delle sue fatiche. Venne di poi papa Iulio; e trovò la Chiesa grande, avendo tutta la Romagna e sendo spenti e' baroni di Roma e, per le battiture[20] di Alessandro, annullate quelle fazioni; e trovò ancora la via aperta al modo dello accumulare danari,[21] non mai più usitato da Alessandro indrieto. Le quali cose Iulio non solum seguitò, ma accrebbe; e pensò a guadagnarsi Bologna[22] e spegnere e' Viniziani e a cacciare e' Franzesi[23] di Italia: e tutte queste imprese li riuscirono; e con tanta più sua laude, quanto fece ogni cosa per accrescere la Chiesa e non alcuno privato. Mantenne ancora le parti Orsine e Colonnese in quelli termini che le trovò; e benché tra loro fussi qualche capo da fare alterazione,[24] tamen dua cose li ha tenuti fermi: l'una, la grandezza della Chiesa, che gli[25] sbigottisce; l'altra, el non avere loro cardinali, li quali sono origine de' tumulti infra loro. Né mai staranno quiete queste parti, qualunque volta abbino cardinali, perché questi nutriscono, in Roma e fuora, le parti, e quelli baroni sono forzati a defenderle: e così dalla ambizione de' prelati nascono le discordie e li tumulti infra e' baroni. Ha trovato, adunque, la Santità di papa Leo-

---

[18] «con le finanze e con gli eserciti».
[19] «ho parlato».
[20] «repressioni».
[21] Attraverso la vendita delle cariche ecclesiastiche.
[22] Nel 1506 conquistò Bologna.
[23] Si riferisce alle due Leghe di Giulio II (Lega di Cambrai e Lega santa).
[24] «capo sovversivo».
[25] «li».

ne[26] questo pontificato potentissimo; il quale si spera, se quelli lo feciono grande con le arme,[27] questo, con la bontà e infinite altre sue virtù, lo farà grandissimo e venerando.

---

[26] Leone X, figlio di Lorenzo il Magnifico, diventato papa nel gennaio del 1513, pochi mesi prima della composizione de *Il Principe*.
[27] «eserciti».

XII

QUOT SINT GENERA MILITIAE ET DE MERCENARIIS MILITIBUS*

Avendo discorso particularmente tutte le qualità di quelli principati de' quali nel principio[1] proposi di ragionare, e considerato, in qualche parte, le cagioni del bene e del male[2] essere loro, e mostro e' modi[3] con li quali molti hanno cerco[4] di acquistarli e tenerli, mi resta ora a discorrere generalmente le offese e difese[5] che in ciascuno de' prenominati[6] possono accadere. Noi abbiamo detto di sopra come a uno principe è necessario avere e' sua fondamenti buoni; altrimenti, di necessità conviene che ruini. E' principali fondamenti che abbino tutti li stati, così nuovi come vecchi o misti, sono le buone legge e le buone arme:[7] e perché non può essere buone legge dove non sono buone arme, e dove sono buone arme conviene sieno[8] buone legge, io lascerò indrieto el ragionare[9] delle legge e parlerò delle arme.

Dico, adunque, che l'arme con le quali uno principe defende il suo stato, o le sono proprie o le sono mercenarie, o ausiliarie, o miste. Le mercenarie e ausiliarie sono inutile e periculose: e se uno tiene lo stato suo fondato in sulle arme mercenarie, non starà mai fermo né sicuro; perché le sono disunite, ambiziose,

---

* XII - TIPI DI ESERCITI:
LE MILIZIE MERCENARIE

[1] Cap. I.
[2] «le cause di conservazione e di innovazione».
[3] «verificate le modalità».
[4] «cercato».
[5] «i mezzi di offesa e di difesa».
[6] «ciascun principato».
[7] «le ottime leggi e gli ottimi eserciti».
[8] «devono esistere».
[9] «da parte l'analisi».

sanza disciplina, infedele; gagliarde fra gli amici; fra e' nimici, vile; non timore di Dio, non fede con gli uomini; e tanto si differisce la ruina quanto si differisce lo assalto; e nella pace se' spogliato da loro, nella guerra da' nimici. La cagione di questo è che le[10] non hanno altro amore né altra cagione che le tenga in campo, che uno poco di stipendio; il quale non è sufficiente a fare che voglino[11] morire per te. Vogliono bene essere tuoi soldati mentre[12] che tu non fai guerra; ma, come la guerra viene, o fuggirsi o andarsene. La qual cosa doverrei durare poca fatica a persuadere, perché ora la ruina di Italia non è causata da altro che per essere in spazio di molti anni riposatasi in sulle arme mercenarie. Le quali feciono già per alcuno qualche progresso, e parevano gagliarde infra loro; ma, come venne el forestiero, le mostrorono quello che elle erano; onde che a Carlo re di Francia fu licito pigliare la Italia col gesso.[13] E chi[14] diceva come e' n'erano cagione e' peccati nostri, diceva il vero; ma non erano già quelli che credeva, ma questi che io ho narrati: e perché elli erano peccati de' principi, ne hanno patito la pena ancora loro.

Io voglio dimostrare meglio la infelicità di queste arme. E' capitani mercenarii, o e' sono uomini nelle armi eccellenti, o no: se sono, non te ne puoi fidare, perché sempre aspireranno alla grandezza propria, o con lo opprimere te che li se' patrone, o con lo opprimere altri fuora della tua intenzione; ma, se non è il capitano vírtuoso, e' ti rovina per l'ordinario. E se si responde che qualunque arà le arme in mano farà questo, o mercenario o no, replicherei come le arme hanno ad essere operate o da uno principe o da una republica: el principe debbe andare in persona, e fare lui l'offizio del capitano; la republica ha a mandare sua cittadini; e quando ne manda uno che non riesca valente uomo, debbe cambiarlo; e quando sia, tenerlo con le leggi, che non passi el segno. E per esperienzia si vede a' principi soli e republiche armate fare progressi grandissimi, e alle arme

---

[10] «esse».
[11] «vogliano».
[12] «davvero [...] finché [...]».
[13] Cioè, con estrema facilità, senza combattere. La frase è attribuita dal Commynes (*Mémoires*, VII, 4) ad Alessandro VI. I francesi usavano segnare col gesso le case destinate agli alloggiamenti dei soldati.
[14] Gerolamo Savonarola (predica del 1 novembre 1494).

mercenarie non fare mai se non danno; e con più difficultà viene alla obedienzia di uno suo cittadino una republica armata di arme proprie, che una armata di armi esterne.

Stettono Roma e Sparta molti secoli armate e libere. E' Svizzeri sono armatissimi e liberissimi. Delle armi mercenarie antiche in exemplis sono e' Cartaginesi; li quali furono per essere oppressi da' loro soldati mercenarii,[15] finita la prima guerra con li Romani, ancora che e' Cartaginesi avessino, per capi, loro proprii cittadini. Filippo Macedone[16] fu fatto da' Tebani, dopo la morte di Epaminunda, capitano delle loro genti; e tolse loro, dopo la vittoria, la libertà. E' Milanesi, morto il duca Filippo, soldorono Francesco Sforza contro a' Viniziani; il quale, superati gli inimici a Caravaggio,[17] si congiunse con loro per opprimere e' Milanesi suoi patroni. Sforza,[18] suo padre, sendo soldato della regina Giovanna di Napoli, la lasciò in un tratto disarmata; onde lei, per non perdere el regno, fu costretta gittarsi in grembo al re di Aragona. E se Viniziani e Fiorentini hanno per lo adrieto cresciuto lo imperio loro con queste armi, e li loro capitani non se ne sono però fatti principi ma li hanno difesi, respondo che e' Fiorentini in questo caso sono suti favoriti dalla sorte; perché de' capitani virtuosi, de' quali potevano temere, alcuni non hanno vinto: alcuni hanno avuto opposizione: altri hanno volto la ambizione loro altrove. Quello che non vinse fu Giovanni Aucut,[19] del quale, non vincendo, non si poteva conoscere la fede; ma ognuno confesserà che, vincendo, stavano e' Fiorentini a sua discrezione. Sforza ebbe sempre e' Bracceschi contrarii, che guardorono l'uno l'altro. Francesco volse l'ambizione sua in Lombardia; Braccio contro alla Chiesa e il regno di Napoli.

Ma vegnàno a quello che è seguito[20] poco tempo fa. Feciono

---

[15] La ribellione dei mercenari cartaginesi si protrasse dal 241 al 237 (cfr. Polibio, I, 65-88).

[16] Filippo II (359-356 a.C.) fu a capo dei Tebani e dei Tessali durante la prima guerra sacra (355 ca.). Ma, nel 346, sottomise Tebe.

[17] La battaglia di Caravaggio è del 15 settembre 1448.

[18] Muzio Attendolo Sforza si ribellò a Giovanna II nel 1426, e passò al servizio di Luigi III d'Angiò, pretendente al trono. Giovanna fu costretta a nominare come successore Alfonso d'Aragona.

[19] John Hawkwood (1320-1394), capitano di ventura al servizio di Pisa, di Milano, della Chiesa, e infine di Firenze (1377).

[20] «veniamo a quello che è successo».

e' Fiorentini Paulo Vitelli loro capitano,[21] uomo prudentissimo, e che, di privata fortuna, aveva presa grandissima reputazione. Se costui espugnava Pisa, veruno fia che nieghi come conveniva a' Fiorentini stare seco; perché, s'e' fussi diventato soldato di loro nemici, non avevano remedio; e se lo tenevano, aveano a obedirlo. E' Viniziani, se si considerrà e' progressi loro, si vedrà quelli avere securamente e gloriosamente operato mentre feciono la guerra loro proprii (che fu avanti che si volgessino con le loro imprese in terra) dove co' gentili[22] uomini e con la plebe armata operorono virtuosissimamente; ma come cominciorono a combattere in terra, lasciorono questa virtù, e seguitorono e' costumi delle guerre di Italia. E nel principio dello augumento loro in terra, per non vi avere molto stato e per essere in grande reputazione, non aveano da temere molto de' loro capitani; ma, come egli ampliorono, che fu sotto el Carmignuola,[23] ebbono uno saggio di questo errore; perché, vedutolo virtuosissimo, battuto che loro ebbono sotto il suo governo el duca di Milano, e conoscendo dall'altra parte come egli era raffreddato nella guerra, iudicorono non potere con lui più vincere perché non voleva, né potere licenziarlo, per non riperdere ciò che aveano acquistato: onde che furono necessitati, per assicurarsene,[24] ammazzarlo. Hanno di poi avuto per loro capitani Bartolommeo da Bergamo, Ruberto da San Severino, Conte di Pitigliano, e simili;[25] con li quali aveano a temere della perdita, non del guadagno loro; come intervenne[26] di poi a Vailà, dove, in una giornata, perderono quello che in ottocento anni, con tanta fatica, avevano acquistato. Perché da queste armi nascono solo e' lenti, tardi e deboli acquisti, e le subite e

[21] Cfr. cap. VIII.

[22] «nobili».

[23] Francesco Bussone, conte di Carmagnola, passò dal servizio dei Visconti a quello dei Veneziani. Nel 1427 sconfisse i Milanesi a Maclodio e conquistò a Venezia Bergamo e Brescia. Alla ripresa della guerra non conseguì più vittorie militari e, per questo, fu sospettato di tradimento, arrestato e condannato a morte il 5 maggio 1432.
  La sua condanna è ancora oggi oggetto di discussione storica.

[24] «[...] costretti, per difendersi da lui, [...]».

[25] Bartolomeo Colleoni, da Bergamo, sconfitto da Francesco Sforza a Caravaggio nel 1448; Roberto da San Severino, capo dei Veneziani nella guerra di Ferrara (1482-84); Niccolò Orsini, conte di Pitigliano, capo dei Veneziani nella battaglia di Agnadello o Vailate (14 maggio 1509).

[26] «successe».

miraculose perdite. E perché io sono venuto con questi esempli in Italia, la quale è stata molti anni governata dalle armi mercenarie, le voglio discorrere più da alto, acciò che veduto la origine e progressi di esse, si possa meglio correggerle.

Avete dunque a intendere come, tosto che in questi ultimi tempi lo imperio cominciò a essere ributtato di Italia e che il papa nel temporale vi prese più reputazione, si divise la Italia in più stati; perché molte delle città grosse presono le armi contro a' loro nobili, li quali, prima, favoriti dallo imperatore, le tenevono oppresse; e la Chiesa le favoriva per darsi reputazione nel temporale; di molte altre e' loro cittadini ne diventorono principi. Onde che, essendo venuta l'Italia quasi che nelle mani della Chiesa e di qualche republica, ed essendo quelli preti e quegli altri cittadini usi a non conoscere arme, cominciorono a soldare forestieri. El primo che dette reputazione a questa milizia fu Alberigo da Conio,[27] romagnolo. Dalla disciplina di costui[28] discese, intra gli altri, Braccio e Sforza, che ne' loro tempi furono arbitri di Italia. Dopo questi, vennono tutti gli altri che fino a' nostri tempi hanno governato queste armi. E il fine della loro virtù è stato, che Italia è stata corsa da Carlo, predata da Luigi, sforzata da Ferrando e vituperata da' Svizzeri.[29] L'ordine che egli hanno tenuto, è stato, prima, per dare reputazione a loro proprii, avere tolto reputazione alle fanterie. Feciono questo, perché, sendo sanza stato e in sulla industria,[30] e' pochi fanti non davono loro reputazione, e li assai non potevono nutrire; e però si ridussono a' cavalli, dove con numero sopportabile erano nutriti e onorati. Ed erano ridotte le cose in termine, che in uno esercito di ventimila soldati non si trovava dumila fanti. Avevano, oltre a questo, usato ogni industria[31] per levare a sé e a' soldati la fatica e la paura, non si ammazzando nelle zuffe, ma pigliandosi prigioni e sanza taglia.[32] Non traevano la notte alle terre; quelli delle terre non traevano alle

---

[27] Alberigo da Barbiano (1344-1409), conte di Cunio, fu il primo a introdurre in Italia le compagnie di ventura.
[28] «Dalla sua scuola militare».
[29] «E il fine del loro valore è stato questo: l'Italia è stata corsa da Carlo VIII, predata da Luigi XII, violentata da Ferdinando il Cattolico, e svergognata dagli Svizzeri.»
[30] «vivendo della loro professione».
[31] «accorgimento».
[32] «prigionieri e senza riscatto».

tende;[33] non facevano intorno al campo né steccato né fossa; non campeggiavano il verno.[34] E tutte queste cose erano permesse ne' loro ordini militari, e trovate da loro per fuggire,[35] come è detto, e la fatica e li pericoli: tanto che gli hanno condotta Italia stiava e vituperata.[36]

[33] «Di notte non davano l'assalto alle città; quelli delle città non davano l'assalti a quelli degli accampamenti».
[34] «d'inverno non davano battaglia.»
[35] «per evitare».
[36] «tanto che essi hanno ridotta l'Italia a una schiavitù vergognosa.»

XIII

DE MILITIBUS AUXILIARIIS, MIXTIS ET PROPRIIS*

L'armi ausiliarie, che sono l'altre armi inutili,[1] sono quando si chiama uno potente che con le armi sue ti venga ad aiutare e defendere: come fece ne' prossimi tempi[2] papa Iulio; il quale, avendo visto nella impresa di Ferrara la trista prova delle sue armi mercenarie, si volse alle ausiliarie, e convenne con Ferrando re di Spagna che con le sue gente ed eserciti dovesse aiutarlo. Queste arme possono essere utile e buone per loro medesime, ma sono, per chi le chiama, quasi sempre dannose; perché, perdendo, rimani disfatto: vincendo, resti loro prigione. E ancora che di questi esempli ne siano piene le antiche istorie, non di manco io non mi voglio partire da questo esempio fresco di papa Iulio II; il partito del quale non possé essere manco considerato, per volere Ferrara, cacciarsi tutto nelle mani d'uno forestiere. Ma la sua buona fortuna fece nascere una terza cosa, acciò non cogliessi el frutto della sua mala elezione:[3] perché, sendo gli ausiliarii suoi rotti a Ravenna, e surgendo e' Svizzeri che cacciorono e' vincitori, fuora di ogni opinion e sua e d'altri, venne a non rimanere prigione degli inimici, sendo fugati, né degli ausiliarii sua, avendo vinto con altre armi che con le lo-

---

[1] «altri eserciti inutili».
[2] «recentemente». Giulio II, sconfitto da Alfonso d'Este (1510), dovette desistere dalla conquista di Ferrara. Per questo, si alleò con Ferdinando il Cattolico, per avere aiuto dalle sue truppe (1511, Lega santa).
[3] «decisione errata».

ro. E' Fiorentini,[4] sendo al tutto disarmati, condussono diecimila Franzesi a Pisa per espugnarla; per il quale partito portorono più pericolo che in qualunque tempo de' travagli loro. Lo imperadore di Costantinopoli,[5] per opporsi alli suoi vicini, misse in Grecia diecimila Turchi; li quali, finita la guerra, non se ne volsono partire; il che fu principio della servitù di Grecia con gli infedeli.

Colui, adunque, che vuole non potere vincere, si vaglia di queste armi; perché sono molto più pericolose che le mercenarie. Perché in queste è la ruina fatta: sono tutte unite, tutte volte alla obedienzia di altri; ma nelle mercenarie, a offenderti, vinto che le hanno, bisogna più tempo e maggiore occasione, non sendo tutto uno corpo, ed essendo trovate e pagate da te; nelle quali uno terzo che tu facci capo, non può pigliare subito tanta autorità che ti offenda. In somma, nelle mercenarie è più pericolosa la ignavia, nelle ausiliarie, la virtù.[6]

Uno principe, pertanto, savio, sempre ha fuggito queste arme, e voltosi alle proprie; e ha volsuto[7] piuttosto perdere con li sua che vincere con gli altri, iudicando non vera vittoria quella che con le armi aliene si acquistassi. Io non dubiterò mai di allegare Cesare Borgia e le sue azioni. Questo duca intrò in Romagna con le armi ausiliarie, conducendovi tutte gente franzesi; e con quelle prese Imola e Furlì; ma non li parendo poi tale arme secure, si volse alle mercenarie, iudicando in quelle manco periculo; e soldò gli Orsini e Vitelli; le quali poi nel maneggiare[8] trovando dubie ed infedeli e periculose, le spense, e volsesi alle proprie. E puossi facilmente vedere che differenzia è infra l'una e l'altra di queste arme, considerato che differenzia fu dalla reputazione del duca, quando aveva e' Franzesi soli e quando aveva gli Orsini e Vitelli, a quando rimase con li soldati

[4] Giugno 1500: Luigi XII inviò circa ottomila tra Guasconi e Svizzeri al comando dell'inetto Ugo di Beaumont.
[5] Giovanni Cantacuzeno chiamò nel 1346 i Turchi per combattere la dinastia dei Paleologhi, che cominciarono così il loro insediamento.
[6] «il coraggio».
[7] «desidera».
[8] «nel controllo».

suoi e sopra se stesso:[9] e sempre si troverrà accresciuta; né mai fu stimato assai, se non quando ciascuno vidde che lui era intero possessore delle sue armi.

Io non mi volevo partire dagli esempli italiani e freschi; tamen non voglio lasciare indrieto Ierone Siracusano, sendo uno de' sopranominati da me.[10] Costui, come io dissi, fatto da' Siracusani capo degli eserciti, conobbe subito quella milizia mercenaria non essere utile, per essere condottieri fatti come li nostri italiani; e parendoli non li potere tenere né lasciare, li fece tutti tagliare a pezzi: e di poi fece guerra con le arme sua, e non con le aliene. Voglio ancora ridurre a memoria una figura del Testamento Vecchio, fatta a questo proposito. Offerendosi David a Saul di andare a combattere con Golia, provocatore filisteo, Saul, per dargli animo, l'armò delle arme sua; le quali, come David ebbe indosso, recusò, dicendo con quelle non si potere bene valere di se stesso, e però voleva trovare el nimico con la sua fromba[11] e con il suo coltello.

Infine, l'arme d'altri, o le ti caggiono di dosso o le ti pesano o le ti stringono. Carlo VII,[12] padre del re Luigi XI, avendo, con la sua fortuna e virtù, libera Francia dagli Inghilesi, conobbe questa necessità di armarsi di arme proprie, e ordinò nel suo regno l'ordinanza delle gente d'arme e delle fanterie. Di poi il re Luigi,[13] suo figliuolo, spense quella de' fanti e cominciò a soldare Svizzeri: il quale errore, seguitato dagli altri, è, come si vede ora in fatto, cagione de' pericoli di quello regno. Perché, avendo dato reputazione a' Svizzeri, ha invilito tutte le arme sua; perché le fanterie ha spento in tutto e le sue genti d'arme ha obligato alle armi d'altri; perché, sendo assuefatte a militare con Svizzeri, non par loro di potere vincere sanza essi; di qui nasce che Franzesi contro a Svizzeri non bastano, e, sanza

[9] «e padrone di sé stesso».
[10] Cap. VI.
[11] «fionda». Il coltello è piccola aggiunta personale alla tradizione biblica.
[12] Carlo VII (1422-1461) concluse la guerra dei Cento anni. Riordinò l'esercito francese su base territoriale.
[13] Luigi XI (1461-1483) si appoggiò, invece, alle truppe mercenarie svizzere (1474), anche per sconfiggere Carlo il Temerario, duca di Borgogna.

Svizzeri, contro ad altri non provano. Sono, dunque, stati gli eserciti di Francia misti, parte mercenarii e parte proprii: le quali armi tutte insieme sono molto migliori che le semplici ausiliarie o le semplici mercenarie, e molto inferiore alle proprie. E basti lo esemplo detto; perché el regno di Francia sarebbe insuperabile, se l'ordine di Carlo era accresciuto o perservato. Ma la poca prudenzia degli uomini comincia una cosa, che, per sapere allora di buono, non si accorge del veleno che vi è sotto: come io dissi, di sopra,[14] delle febbre etiche.

Pertanto colui che in uno principato non conosce e' mali quando nascono, non è veramente savio; e questo è dato a pochi. E se si considerassi la prima cagione della ruina dello imperio romano, si troverrà essere suto solo cominciare a soldare e' Goti;[15] perché da quello principio cominciorono a enervare[16] le forze dello imperio romano; e tutta quella virtù[17] che si levava da lui, si dava a loro.

Concludo, adunque, che, sanza avere arme proprie, nessuno principato è securo; anzi è tutto obligato alla fortuna, non avendo virtù che nelle avversità con fede lo difenda. E fu sempre opinione e sentenzia degli uomini savi «quod nihil sit tam infirmum aut instabile quam fama potentiae non sua vi nixa».[18] E l'armi proprie son quelle che sono composte o di sudditi o di cittadini o di creati tuoi: tutte l'altre sono o mercenarie o ausiliarie. E il modo a ordinare l'armi proprie sarà facile a trovare, se si discorrerà gli ordini de' quattro sopra nominati da me, e se si vedrà come Filippo, padre di Alessandro Magno, e come molte republiche e principi si sono armati e ordinati: a' quali ordini io al tutto mi rimetto.

[14] Cap. III.
[15] Nel 376 d.C. con l'imperatore Valente.
[16] «a denervarsi».
[17] «forza».
[18] Citazione a senso di Tacito, *Annales*, XIII, 19: «che non c'è niente di più insicuro o instabile che il nome di potente non basato sulle proprie forze».

XIV

QUOD PRINCIPEM DECEAT CIRCA MILITIAM*

Debbe, adunque, uno principe non avere altro obietto né altro pensiero, né prendere cosa alcuna per sua arte, fuora della guerra e ordini e disciplina di essa; perché quella è sola arte che si espetta[1] a chi comanda; ed è di tanta virtù, che non solamente mantiene quelli che sono nati principi, ma molte volte fa gli uomini di privata fortuna salire a quel grado; e, per adverso,[2] si vede che e' principi, quando hanno pensato più alle delicatezze che alle armi, hanno perso lo stato loro. E la prima cagione che ti fa perdere quello, è negligere[3] questa arte; e la cagione che te lo fa acquistare, è lo essere professo[4] di questa arte.

Francesco Sforza,[5] per essere armato, di privato diventò duca di Milano; e' figliuoli,[6] per fuggire e' disagi delle arme, di duchi diventorono privati. Perché, intra le altre cagioni che ti arreca di male lo essere disarmato, ti fa contennendo:[7] la quale è una di quelle infamie dalle quali il principe si debbe guardare, come di sotto si dirà; perché da uno armato a uno disarmato non è proporzione alcuna; e non è ragionevole che chi è armato

---

* XIV - SUL RAPPORTO TRA PRINCIPE ED ESERCITO

[1] «compète».
[2] «al contrario».
[3] «trascurare».
[4] «la professione».
[5] Cfr. cap. I.
[6] Successori: Ludovico il Moro venne deposto nel 1500. Massimiliano Sforza nel 1515.
[7] «ti fa oggetto di disprezzo».

obedisca volentieri a chi è disarmato, e che il disarmato stia securo intra servitori armati; perché, sendo nell'uno sdegno, e
nell'altro sospetto, non è possibile operino bene insieme. E
però uno principe che della milizia non si intenda, oltre alle altre infelicità, come è detto, non può essere stimato da' sua soldati, né fidarsi di loro.

Debbe, pertanto, mai levare el pensiero da questo esercizio
della guerra, e nella pace vi si debbe più esercitare che nella
guerra: il che può fare in duo modi; l'uno con le opere, l'altro
con la mente.[8] E, quanto alle opere, oltre al tenere bene ordinati ed esercitati li suoi, debbe stare sempre in sulle cacce, e
mediante quelle assuefare el corpo a' disagi; e parte imparare la
natura de' siti, e conoscere come surgono e' monti, come im-
boccano le valle, come iacciono e' piani, ed intendere la natura
de' fiumi e de' paduli;[9] e in questo porre grandissima cura. La
qual cognizione è utile in due modi: prima, si impara a conoscere el suo paese, e può meglio intendere le difese di esso: di poi,
mediante la cognizione e pratica di quelli siti, con facilità com-
prendere ogni altro sito che di nuovo li sia necessario specula-
re.[10] Perché li poggi, le valli, e' piani, e' fiumi, e' paduli che sono, verbigrazia,[11] in Toscana, hanno con quelli delle altre provincie certa similitudine; tal che, dalla cognizione del sito di
una provincia, si può facilmente venire alla cognizione dell'altre. E quel principe che manca di questa perizia,[12] manca della
prima parte che vuole avere uno capitano; perché, questa, insegna trovare il nimico, pigliare gli alloggiamenti, condurre gli
eserciti, ordinare le giornate, campeggiare le terre con tuo vantaggio.

Filipomene,[13] principe degli Achei, intra le altre laude[14] che

---

[8] «il primo, con le esercitazioni militari; il secondo, con la preparazione teori-
ca.»
[9] «paludi».
[10] «esplorare».
[11] «per esempio».
[12] «conoscenza pratica».
[13] Filipomene (253-183 a.C.), capo della Lega achea, definito da Plutarco l'ultimo dei Greci. Ma qui la fonte è Livio (XXXV, 28).
[14] «lodi».

dagli scrittori gli sono date, è che ne' tempi della pace non pensava mai se non a' modi della guerra; e quando era in campagna con gli amici, spesso si fermava e ragionava con quelli: – Se li nimici fussino in su quel colle, e noi ci trovassimo qui col nostro esercito, chi di noi arebbe vantaggio? come si potrebbe ire, servando gli ordini, a trovarli? se noi volessimo ritirarci, come aremmo a fare? se loro si ritirassino, come aremmo a seguirli? – e proponeva loro, andando, tutti e' casi che in uno esercito possono occorrere; intendeva la opinione loro, diceva la sua, corroboravala con le ragioni: tal che, per queste continue cogitazioni, non posseva mai, guidando gli eserciti, nascere accidente alcuno, che lui non avesse el remedio.

Ma quanto allo esercizio della mente, debbe il principe leggere le istorie, e in quelle considerare le azioni degli uomini eccellenti; vedere come si sono governati nelle guerre; esaminare le cagioni delle vittorie e perdite loro, per potere queste fuggire, e quelle imitare; e, sopra tutto, fare come ha fatto per lo adrieto qualche uomo eccellente, che ha preso ad imitare se alcuno innanzi a lui è stato laudato e gloriato, e di quello ha tenuto sempre e' gesti ed azioni appresso di sé: come si dice che Alessandro Magno imitava Achille; Cesare, Alessandro; Scipione, Ciro. E qualunque[15] legge la vita di Ciro scritta da Senofonte, riconosce di poi nella vita di Scipione quanto quella imitazione li fu di gloria, e quanto, nella castità, affabilità, umanità, liberalità Scipione si conformassi[16] con quelle cose che di Ciro da Senofonte sono sute scritte.

Questi simili modi debbe osservare uno principe savio, e mai ne' tempi pacifici stare ozioso; ma con industria[17] farne capitale, per potersene valere nelle avversità, acciò che, quando si muta la fortuna, lo truovi parato[18] a resisterle.

[15] «chiunque».
[16] «si conformasse».
[17] «attività».
[18] «preparato».

XV

DE HIS REBUS QUIBUS HOMINES ET PRAESERTIM PRINCIPES LAUDANTUR AUT VITUPERANTUR*

Resta ora a vedere quali debbano essere e' modi e governi di uno principe con sudditi o con gli amici. E perché io so che molti di questo hanno scritto, dubito, scrivendone ancora io, non essere tenuto[1] prosuntuoso, partendomi massime,[2] nel disputare questa materia, dagli ordini degli altri.[3] Ma sendo l'intento mio scrivere cosa utile a chi la intende, mi è parso più conveniente andare drieto alla verità effettuale della cosa, che alla imaginazione di essa.[4] E molti si sono imaginati republiche e principati che non si sono mai visti né conosciuti essere in vero; perché egli è tanto discosto da come si vive a come si doverrebbe vivere,[5] che colui che lascia quello che si fa per quello che si doverrebbe fare impara piuttosto la ruina che la perservazione[6] sua: perché uno uomo che voglia fare in tutte le parte professione di buono, conviene rovini infra tanti che non sono buoni. Onde è necessario a uno principe, volendosi mantenere,

---

* XV - QUALITÀ UMANE
E SOPRATTUTTO
QUALITÀ POLITICHE
POSITIVE E NEGATIVE

[1] «temo [...] di essere ritenuto [...]».
[2] «soprattutto».
[3] «dai criteri degli altri scrittori».
[4] «alla verità dei fatti, che alla costruzione immaginativa dei fatti stessi.»
[5] «in realtà; perché è così lontano il modo in cui si vive da quello in cui si dovrebbe vivere».
[6] «conservazione».

imparare a potere essere non buono, e usarlo e non l'usare secondo la necessità.

Lasciando, adunque, indrieto le cose circa uno principe imaginate, e discorrendo quelle che sono vere, dico che tutti gli uomini, quando se ne parla, e massime e' principi, per essere posti più alti, sono notati di alcune di queste qualità che arrecano loro o biasimo o laude. E questo è[7] che alcuno è tenuto liberale, alcuno[8] misero (usando uno termine toscano, perché avaro in nostra lingua è ancora colui che per rapina desidera di avere, misero chiamiamo noi quello che si astiene troppo di usare il suo); alcuno è tenuto donatore, alcuno rapace; alcuno crudele, alcuno pietoso; l'uno fedifrago, l'altro fedele; l'uno effeminato e pusillanime, l'altro feroce e animoso; l'uno umano, l'altro superbo; l'uno lascivo, l'altro casto; l'uno intero,[9] l'altro astuto; l'uno duro, l'altro facile; l'uno grave,[10] l'altro leggieri; l'uno religioso, l'altro incredulo, e simili. E io so che ciascuno confesserà che sarebbe laudabilissima cosa in uno principe trovarsi, di tutte le soprascritte qualità, quelle che sono tenute buone; ma perché le non si possono avere né interamente osservare, per le condizioni umane che non lo consentono, gli è necessario essere tanto prudente che sappia fuggire l'infamia di quelli vizii che li torrebbano lo stato,[11] e da quelli che non gnene tolgano, guardarsi,[12] se egli è possibile; ma, non possendo, vi si può con meno respetto lasciare andare. Et etiam non si curi di incorrere nella infamia di quelli vizii sanza quali e' possa difficilmente salvare lo stato; perché, se si considerrà bene tutto, si troverrà qualche cosa che parrà virtù, e, seguendola, sarebbe la ruina sua; e qualcuna altra che parrà vizio, e, seguendola, ne riesce la securtà e il bene essere suo.

---

[7] «Cioè».
[8] «uno».
[9] «leale».
[10] «severo».
[11] «un principe deve essere così razionale da saper evitare l'infamia di quei vizi che gli potrebbero far perdere lo stato».
[12] «da quelli che glielo farebbero perdere, difendersi».

XVI

DE LIBERALITATE ET PARSIMONIA*

Cominciandomi, adunque, alle prime soprascritte qualità, dico come sarebbe bene essere tenuto liberale: nondimanco la liberalità, usata in modo che tu sia tenuto,[1] ti offende; perché se la si usa virtuosamente[2] e come la si debbe usare, la non fia conosciuta, e non ti cascherà la infamia del suo contrario.[3] E però, a volersi mantenere infra gli uomini el nome del liberale, è necessario non lasciare indrieto alcuna qualità di suntuosità;[4] talmente che sempre uno principe così fatto consumerà in simili opere tutte le sue facultà,[5] e sarà necessitato alla fine, se si vorrà mantenere el nome del liberale, gravare e' populi estraordinariamente ed essere fiscale, e fare tutte quelle cose che si possano fare per avere danari. Il che comincerà a farlo odioso con sudditi, e poco stimare da nessuno, diventando povero; in modo che, con questa sua liberalità, avendo offeso gli assai e premiato e' pochi, sente ogni primo disagio, e periclita in qualunque primo periculo;[6] il che conoscendo lui, e volendosene ritrarre, incorre subito nella infamia del misero.

Uno principe, adunque, non potendo usare questa virtù del liberale, sanza suo danno, in modo che la sia conosciuta, deb-

---

* XVI · LIBERALITÀ E PARSIMONIA
[1] «in modo appariscente».
[2] «con intelligenza».
[3] «e non verrà meno l'ignominia della qualità contraria.»
[4] «nessun genere di magnificenza».
[5] «tutti i suoi averi».
[6] «e rischia il potere in qualsiasi contingenza iniziale».

be, s'egli è prudente, non si curare del nome del misero: perché col tempo sarà tenuto sempre più liberale, veggendo che con la sua parsimonia le sua intrate li bastano, può defendersi da chi li fa guerra, può fare imprese sanza gravare e' populi; talmente che viene a usare liberalità a tutti quelli a chi non toglie, che sono infiniti, e miseria a tutti coloro a chi non dà, che sono pochi. Ne' nostri tempi noi non abbiamo veduto fare gran cose se non a quelli che sono stati tenuti miseri; gli altri essere spenti. Papa Iulio II, come si fu servito del nome del liberale per aggiugnere al papato, non pensò poi a mantenerselo, per potere fare guerra; el re di Francia[7] presente ha fatto tante guerre sanza porre uno dazio estraordinario a' suoi, solum perché alle superflue spese ha sumministrato[8] la lunga parsimonia sua; el re di Spagna[9] presente, se fussi tenuto liberale, non arebbe fatto né vinto tante imprese.

Pertanto, uno principe debbe esistimare poco, per non avere a rubare e' sudditi, per potere defendersi, per non diventare povero e contennendo, per non essere forzato di diventare rapace, di incorrere nel nome del misero; perché questo è uno di quelli vizii che lo fanno regnare. E se alcuno dicessi: Cesare con la liberalità pervenne allo imperio, e molti altri, per essere stati ed essere tenuti liberali, sono venuti a gradi grandissimi; rispondo: o tu se' principe fatto, o tu se' in via di acquistarlo: nel primo caso, questa liberalità è dannosa; nel secondo, è bene[10] necessario essere tenuto liberale. E Cesare era uno di quelli che voleva pervenire al principato di Roma; ma se, poi che vi fu venuto, fussi sopravvissuto[11] e non si fussi temperato da quelle spese, arebbe destrutto quello imperio. E se alcuno replicassi: molti sono stati principi, e con gli eserciti hanno fatto gran cose, che sono stati tenuti liberalissimi; ti rispondo: o el principe spende del suo e de' sua sudditi o di quello d'altri; nel

---

[7] Luigi XII.
[8] «controllato».
[9] Ferdinando il Cattolico.
[10] «veramente».
[11] «avesse continuato».

primo caso, debbe essere parco; nell'altro, non debbe lasciare indrieto parte alcuna di liberalità. E quel principe che va con gli eserciti, che si pasce di prede, di sacchi e di taglie, maneggia quello di altri,[12] li è necessaria questa liberalità; altrimenti, non sarebbe seguito da' soldati. E di quello che non è tuo, o de' sudditi tuoi, si può essere più largo donatore, come fu Ciro, Cesare ed Alessandro; perché lo spendere quello di altri non ti toglie reputazione, ma te ne aggiugne: solamente lo spendere el tuo è quello che ti nuoce. E non ci è cosa che consumi se stessa quanto la liberalità: la quale mentre che tu usi, perdi la facoltà di usarla, e diventi o povero e contennendo, o, per fuggire la povertà, rapace e odioso. E intra tutte le cose di che uno principe si debbe guardare, è lo essere contennendo e odioso; e la liberalità all'una e l'altra cosa ti conduce. Pertanto è più sapienzia tenersi el nome del misero, che parturisce una infamia[13] sanza odio, che, per volere el nome del liberale, essere necessitato incorrere nel nome del rapace, che parturisce una infamia con odio.

---

[12] «manipola i beni degli altri».
[13] «cattiva fama».

XVII

DE CRUDELITATE ET PIETATE; ET AN SIT MELIUS AMARI QUAM TIMERI, VEL E CONTRA*

Scendendo appresso alle altre preallegate qualità, dico che ciascuno principe debbe desiderare di essere tenuto pietoso e non crudele: nondimanco debbe avvertire di non usare male questa pietà. Era tenuto Cesare Borgia crudele; nondimanco quella sua crudeltà aveva racconcia[1] la Romagna, unitola, ridottola in pace e in fede. Il che se si considerrà bene, si vedrà quello essere stato molto più pietoso che il populo fiorentino, il quale, per fuggire el nome del crudele, lasciò destruggere Pistoia.[2] Debbe, pertanto, uno principe non si curare della infamia di crudele, per tenere li sudditi suoi uniti e in fede; perché, con pochissimi esempli, sarà più pietoso che quelli e' quali, per troppa pietà, lasciono seguire e' disordini, di che ne nasca[3] occisioni o rapine; perché queste sogliono offendere una universalità intera,[4] e quelle esecuzioni che vengono dal principe offendono uno particulare. E intra tutti e' principi, al principe nuovo è impossibile fuggire el nome del crudele, per essere li stati nuovi pieni di periculi. E Virgilio, nella bocca di Dido,[5] dice:

«Res dura, et regni novitas me talia cogunt

* XVII - CRUDELTÀ E UMANITÀ:
È MEGLIO ESSERE AMATO
CHE TEMUTO, O IL CONTRARIO?

[1] «ordinato».
[2] Nel 1501-1502.
[3] «da cui derivano».
[4] «tutta quanta la società».
[5] «per mezzo di Didone».

Moliri, et late fines custode tueri».[6]

Nondimanco debbe essere grave al credere e al muoversi,[7] né si fare paura da se stesso; e procedere in modo, temperato con prudenzia[8] e umanità, che la troppa confidenzia[9] non lo facci incauto e la troppa diffidenzia non lo renda intollerabile.

Nasce da questo una disputa: s'egli è[10] meglio essere amato che temuto, o e converso.[11] Rispondesi che si vorrebbe essere l'uno e l'altro; ma perché egli è difficile accozzarli insieme, è molto più sicuro essere temuto che amato, quando si abbia a mancare dell'uno de' dua.[12] Perché degli uomini si può dire questo generalmente: che sieno ingrati, volubili, simulatori e dissimulatori, fuggitori de' pericoli, cupidi di guadagno; e mentre fai loro bene, sono tutti tua,[13] òfferonti el sangue, la roba, la vita, e' figliuoli, come di sopra dissi, quando il bisogno è discosto; ma, quando ti si appressa, e' si rivoltano. E quel principe che si è tutto fondato in sulle parole loro, trovandosi nudo di altre preparazioni, rovina; perché le amicizie che si acquistano col prezzo, e non con grandezza e nobiltà di animo, si meritano, ma le non si hanno, e a' tempi non si possono spendere.[14] E gli uomini hanno meno respetto a offendere uno che si facci amare, che uno che si facci temere; perché l'amore è tenuto da uno vinculo di obligo, il quale, per essere gli uomini tristi,[15] da ogni occasione di propria utilità è rotto; ma il timore è tenuto da una paura di pena che non ti abbandona mai.

Debbe nondimanco el principe farsi temere in modo che, se non acquista lo amore, fugga l'odio; perché può molto bene sta-

[6] Virgilio, *Eneide*, I, 563-64 (Didone parla al troiano Ilioneo): «La difficile situazione e il regno nuovo mi costringono a prendere tali provvedimenti e a proteggere con truppe per largo spazio il mio territorio».
[7] «prudente nell'analisi e nell'azione».
[8] «e agire moderatamente».
[9] «fiducia».
[10] «se è».
[11] «o viceversa».
[12] «se manca una di queste qualità».
[13] «per te».
[14] «si comprano, ma non si possiedono, e nella necessità non si possono spendere.»
[15] «perché gli uomini sono cattivi».

re insieme essere temuto e non odiato; il che farà sempre, quando si astenga dalla roba de' sua cittadini e de' sua sudditi, e dalle donne loro. E quando pure li bisognasse procedere contro al sangue di alcuno, farlo quando vi sia iustificazione conveniente e causa manifesta; ma, sopra tutto, astenersi dalla roba d'altri; perché gli uomini sdimenticano più presto la morte del padre che la perdita del patrimonio. Di poi, le cagioni del torre la roba[16] non mancono mai; e, sempre, colui che comincia a vivere con rapina, truova cagione di occupare quel d'altri; e, per adverso, contro al sangue sono più rare e mancono più presto.

Ma quando el principe è con gli eserciti e ha in governo moltitudine di soldati, allora al tutto è necessario non si curare del nome del crudele; perché, sanza questo nome, non si tenne mai esercito unito né disposto ad alcuna fazione.[17] Intra le mirabili azioni di Annibale si connumera[18] questa, che, avendo uno esercito grossissimo, misto di infinite generazioni di uomini,[19] condotto a militare in terre aliene,[20] non vi surgessi mai alcuna dissensione,[21] né infra loro né contro al principe, così nella cattiva come nella sua buona fortuna. Il che non poté nascere da altro che da quella sua inumana[22] crudeltà; la quale, insieme con infinite sua virtù, lo fece sempre, nel cospetto de' suoi soldati, venerando e terribile; e, sanza quella, a fare quello effetto le altre sua virtù non li bastavano. E li scrittori, in questo poco considerati, dall'una parte ammirano questa sua azione, e dall'altra dannono la principale cagione di essa.[23]

E che sia vero che l'altre sua virtù non sarebbano bastate, si può considerare in Scipione, rarissimo non solamente ne' tem-

---

16 «portar via».
17 «operazione militare».
18 «enumera».
19 «con soldati di popoli diversi».
20 «in terra straniera».
21 «non sorse mai nessun dissenso».
22 «disumana». Cfr. Livio, XXI, 4.
23 «non gli sarebbero bastate. E gli storici, con poca razionalità, da una parte ammirano questo comportamento politico, dall'altra condannano la causa principale di questo comportamento.»

pi sua, ma in tutta la memoria delle cose che si sanno: dal quale gli eserciti suoi in Ispagna si rebellorono;[24] il che non nacque da altro che dalla troppa sua pietà, la quale aveva data a' suoi soldati più licenzia[25] che alla disciplina militare non si conveniva. La qual cosa li fu da Fabio Massimo in Senato rimproverata, e chiamato da lui corruttore della romana milizia. E' Locrensi, sendo stati da uno legato[26] di Scipione destrutti, non furono da lui vendicati, né la insolenzia di quello legato corretta, nascendo tutto da quella sua natura facile:[27] talmente che, volendolo alcuno[28] in Senato escusare, disse come egli erano di molti uomini che sapevano meglio non errare che correggere gli errori; la qual natura arebbe col tempo violato la fama e la gloria di Scipione, se egli avessi con essa perseverato nello imperio;[29] ma, vivendo sotto el governo del senato, questa sua qualità dannosa non solum si nascose, ma li fu a gloria.

Concludo, adunque, tornando allo essere temuto e amato, che, amando gli uomini a posta loro,[30] e temendo a posta del principe, debbe uno principe savio fondarsi in su quello che è suo, non in su quello che è d'altri: debbe solamente ingegnarsi di fuggire l'odio, come è detto.

---

[24] Nel 206 a.C.
[25] «una permissività più grande».
[26] Il legato è il propretore Q. Pleminio. Cfr. Livio, XXIX, 15-21.
[27] «indulgente».
[28] Quinto Metello. Cfr. Livio, XXIX, 20.
[29] «nell'esercizio del potere».
[30] «secondo la loro volontà».

XVIII

QUOMODO FIDES A PRINCIPIBUS SIT SERVANDA*

Quanto sia laudabile in uno principe mantenere la fede e vivere con integrità e non con astuzia, ciascuno lo intende; nondimanco si vede, per esperienzia ne' nostri tempi, quelli principi avere fatto gran cose, che della fede hanno tenuto poco conto, e che hanno saputo con l'astuzia aggirare e' cervelli degli uomini; e alla fine hanno superato quelli che si sono fondati in sulla lealtà.

Dovete, adunque, sapere come sono dua generazioni[1] di combattere: l'uno con le leggi, l'altro con la forza: quel primo è proprio dello uomo, quel secondo è delle bestie: ma perché el primo molte volte non basta, conviene ricorrere al secondo. Pertanto, a uno principe è necessario sapere bene usare la bestia e l'uomo. Questa parte è suta insegnata a' principi copertamente[2] dagli antichi scrittori; li quali scrivono come Achille e molti altri di quelli principi antichi furono dati a nutrire[3] a Chirone centauro, che sotto la sua disciplina li custodissi. Il che non vuole dire altro, avere per precettore uno mezzo bestia e mezzo uomo, se non che bisogna a uno principe sapere usare l'una e l'altra natura; e l'una sanza l'altra non è durabile.

Sendo, dunque, uno principe necessitato sapere bene usare

la bestia, debbe di quelle pigliare la golpe[4] e il lione; perché il lione non si defende da' lacci, la golpe non si defende da' lupi. Bisogna, adunque, essere golpe a conoscere e' lacci, e lione a sbigottire e' lupi. Coloro che stanno semplicemente in sul lione, non se ne intendano.[5] Non può, pertanto, uno signore prudente, né debbe, osservare la fede, quando tale osservanzia li torni contro e che sono spente le cagioni che la feciono promettere. E se gli uomini fussino tutti buoni, questo precetto non sarebbe buono; ma perché sono tristi, e non la osservarebbono a te,[6] tu etiam non l'hai ad osservare a loro. Né mai a uno principe mancorono cagioni legittime di colorire la inosservanzia. Di questo se ne potrebbe dare infiniti esempli moderni e mostrare quante paci, quante promesse sono state fatte irrite[7] e vane per la infidelità de' principi: e quello che ha saputo meglio usare la golpe, è meglio capitato.[8] Ma è necessario questa natura saperla bene colorire, ed essere gran simulatore e dissimulatore: e sono tanto semplici gli uomini, e tanto obediscano alle necessità presenti, che colui che inganna, troverrà sempre chi si lascerà ingannare.

Io non voglio, degli esempli freschi, tacerne uno. Alessandro VI non fece mai altro, non pensò mai ad altro, che a ingannare uomini; e sempre trovò subietto da poterlo fare.[9] E non fu mai uomo che avessi maggiore efficacia in asseverare,[10] e con maggiori giuramenti affermassi una cosa, che la osservassi meno: nondimeno sempre li succederono gli inganni ad votum, perché conosceva bene questa parte del mondo.[11]

A uno principe, adunque, non è necessario avere in fatto[12]

---

[4] «volpe».
[5] «Coloro che si basano semplicemente sul leone, lascino perdere la politica.»
  Il paragone è tratto da Cicerone, *De Officiis*, I, 13, 41.
  Cfr. anche Dante, *Inferno*, XXVII, 72-75.
[6] «e non manterrebbero nei tuoi confronti la parola data».
[7] «rese nulle».
[8] «ha avuto maggior successo».
[9] «materia per poterlo fare.»
[10] «che promettesse con così grande efficacia».
[11] «secondo i suoi desideri, perché conosceva bene il comportamento degli uomini.»
[12] «effettivamente».

tutte le soprascritte qualità, ma è bene necessario parere di averle. Anzi ardirò di dire questo, che, avendole e osservandole sempre, sono dannose; e parendo di averle, sono utili; come parere pietoso,[13] fedele, umano, intero,[14] religioso, ed essere; ma stare in modo edificato con l'animo, che, bisognando non essere, tu possa e sappi mutare el contrario. E hassi ad intendere questo, che uno principe, e massime uno principe nuovo, non può osservare tutte quelle cose per le quali gli uomini sono tenuti buoni, sendo spesso necessitato, per mantenere lo stato, operare contro alla fede, contro alla carità, contro alla umanità, contro alla religione. E però bisogna che egli abbia uno animo disposto a volgersi secondo ch'e' venti della fortuna e le variazioni delle cose li comandano, e, come di sopra dissi, non partirsi[15] dal bene, potendo, ma sapere intrare nel male, necessitato.

Debbe, adunque, avere uno principe gran cura che non gli esca mai di bocca una cosa che non sia piena delle soprascritte cinque qualità; e paia, a vederlo e udirlo, tutto pietà, tutto fede, tutto integrità, tutto umanità, tutto religione. E non è cosa più necessaria a parere di avere che questa ultima qualità. E gli uomini, in universali,[16] iudicano più agli occhi che alle mani; perché tocca a vedere a ognuno, a sentire a pochi. Ognuno vede quello che tu pari, pochi sentono quello che tu se'; e quelli pochi non ardiscano[17] opporsi alla opinione di molti che abbino la maestà dello stato che li defenda; e nelle azioni di tutti gli uomini, e massime de' principi, dove non è iudizio a chi reclamare, si guarda al fine.[18] Facci dunque uno principe di vincere e mantenere lo stato: e' mezzi saranno sempre iudicati onorevoli e da ciascuno laudati; perché il vulgo ne va sempre preso con quello che pare, e con lo evento della cosa;[19] e nel mondo

[13] «clemente».
[14] «tutto d'un pezzo».
[15] «allontanarsi».
[16] «in generale».
[17] «ardiscono».
[18] «tribunale a cui reclamare, si guarda al risultato.»
[19] «perché la massa bada alle apparenze e a quello che succede».

non è se non vulgo; e li pochi non ci hanno luogo quando li assai hanno dove appoggiarsi. Alcuno[20] principe de' presenti tempi, quale non è bene nominare, non predica mai altro che pace e fede, e dell'una e dell'altra è inimicissimo; e l'una e l'altra, quando e' l'avessi osservata, gli arebbe più volte tolto o la reputazione[21] o lo stato.

20 «Un» (Ferdinando il Cattolico).
21 «onore».

XIX

DE CONTEMPTU ET ODIO FUGIENDO*

Ma perché, circa le qualità di che di sopra si fa menzione, io ho parlato delle più importanti, l'altre voglio discorrere brevemente sotto queste generalità: che il principe pensi, come di sopra in parte è detto, di fuggire quelle cose che lo faccino odioso e contennendo; e qualunque volta fuggirà questo, arà adempiuto le parti sua e non troverrà nelle altre infamie[1] periculo alcuno. Odioso lo fa, sopra tutto, come io dissi, lo essere rapace e usurpatore della roba e delle donne de' sudditi: di che si debbe astenere; e qualunque volta alle universalità degli uomini non si toglie né roba né onore, vivono contenti; e solo si ha a combattere con la ambizione di pochi, la quale in molti modi, e con facilità, si raffrena. Contennendo lo fa essere tenuto vario, leggieri, effeminato,[2] pusillanime, irresoluto: da che uno principe si debbe guardare come da uno scoglio, e ingegnarsi che nelle azioni sua si riconosca grandezza, animosità, gravità,[3] fortezza; e, circa e' maneggi privati[4] de' sudditi, volere che la sua sentenzia[5] sia irrevocabile; e si mantenga in tale opinione, che alcuno non pensi né a ingannarlo né ad aggirarlo.

---

* XIX - EVITARE IL DISPREZZO E L'ODIO
[1] «nelle altre colpe».
[2] «Disprezzabile lo rende la fama di instabilità, di superficialità, di debolezza [...]».
[3] «coraggio, ponderatezza».
[4] «nei conflitti privati».
[5] «decisione».

Quel principe che dà di sé questa opinione,[6] è reputato assai; e contro a chi è reputato con difficultà si coniura, con difficultà è assaltato, purché si intenda che sia eccellente e reverito da' suoi. Perché uno principe debbe avere dua paure; una drento,[7] per conto de' sudditi; l'altra di fuora,[8] per conto de' potentati esterni. Da questa si defende con le buone arme e con li buoni amici; e sempre, se arà buone arme, arà buoni amici; e sempre staranno ferme le cose di drento, quando stieno ferme quelle di fuora, se già le non fussino perturbate da una coniura; e quando pure quelle di fuora movessino, s'egli è ordinato e vissuto come ho detto, quando non si abbandoni, sempre sosterrà ogni impeto, come io dissi[9] che fece Nabide spartano. Ma circa e' sudditi, quando le cose di fuora non muovino, si ha a temere che non coniurino secretamente: del che il principe si assicura assai,[10] fuggendo lo essere odiato o disprezzato, e tenendosi el populo satisfatto di lui; il che è necessario conseguire, come di sopra a lungo si disse. E uno de' più potenti rimedii che abbi uno principe contro alle coniure, è non essere odiato dallo universale:[11] perché sempre chi coniura crede, con la morte del principe, satisfare al populo; ma quando creda offenderlo, non piglia animo a prendere simile partito, perché le difficultà che sono dalla parte de' coniuranti sono infinite. E per esperienzia si vede molte essere state le coniure, e poche avere avuto buon fine; perché chi coniura non può essere solo, né può prendere compagnia se non di quelli che creda esser mal contenti; e subito che a uno mal contento tu hai scoperto l'animo tuo,[12] gli dài materia a contentarsi, perché manifestamente lui ne può sperare ogni commodità:[13] talmente che, veggendo el guadagno fermo da questa parte, e dall'altra veggendolo dubio e pieno di pe-

[6] «immagine».
[7] «interna».
[8] «esterna».
[9] Cap. IX.
[10] «si difende abbastanza».
[11] «dalle masse».
[12] «i tuoi obiettivi».
[13] «ogni tipo di vantaggio».

riculo, conviene bene o che sia raro amico, o che sia, al tutto, ostinato inimico del principe, ad osservarti la fede. E per ridurre la cosa in brevi termini,[14] dico che, dalla parte del coniurante, non è se non paura, gelosia, sospetto di pena che lo sbigottisce; ma, dalla parte del principe, è la maestà del principato, le leggi, le difese degli amici e dello stato che lo defendano: talmente che, aggiunto a tutte queste cose la benivolenzia popolare,[15] è impossibile che alcuno sia sì temerario che coniuri. Perché, per lo ordinario,[16] dove uno coniurante ha a temere innanzi alla esecuzione del male, in questo caso debbe temere ancora poi (avendo per inimico el popolo) seguìto lo eccesso,[17] né potendo per questo sperare refugio alcuno.

Di questa materia[18] se ne potria dare infiniti esempli; ma voglio solo essere contento di uno, seguìto alla memoria de' padri nostri.[19] Messer Annibale Bentivogli, avolo[20] del presente messer Annibale, che era principe in Bologna, sendo da' Canneschi, che gli coniurorono contro, ammazzato,[21] né rimanendo di lui altri che messer Giovanni, che era in fasce, subito dopo tale omicidio, si levò il populo e ammazzò tutti e' Canneschi. Il che nacque dalla benivolenzia populare che la casa de' Bentivogli aveva in quelli tempi: la quale fu tanta, che, non restando di quella alcuno in Bologna che potessi, morto Annibale, reggere lo stato, e avendo indizio come in Firenze era uno nato de' Bentivogli[22] che si teneva fino allora figliuolo di uno fabbro, vennono e' Bolognesi per quello in Firenze, e li dettono el governo di quella città: la quale fu governata da lui fino a

[14] «E per arrivare alla sostanza».
[15] «il favore popolare».
[16] «comunemente».
[17] «dopo il delitto».
[18] «argomento».
[19] «di attualità».
[20] «antenato».
[21] Batista Canneschi ammazzò Annibale Bentivoglio il 24 giugno 1445. Cfr. anche *Istorie fiorentine*, libro VI.
[22] Sante Bentivoglio, probabilmente figlio di Ercole, cugino dell'Annibale ucciso dai Canneschi. Governò a Bologna dal 1445 al 1462.

tanto che messer Giovanni pervenissi in età conveniente al governo.[23]

Concludo, pertanto, che uno principe debbe tenere delle coniure poco conto, quando il popolo li sia benivolo; ma, quando li sia inimico e abbilo in odio, debbe temere d'ogni cosa e d'ognuno. E li stati bene ordinati e li principi savi hanno con ogni diligenzia pensato di non desperare e' grandi, e di satisfare al populo e tenerlo contento;[24] perché questa è una delle più importanti materie[25] che abbia uno principe.

Intra' regni bene ordinati e governati, a' tempi nostri, è quello di Francia: e in esso si trovano infinite costituzione[26] buone, donde depende la libertà e sicurtà del re. Delle quali la prima è il parlamento[27] e la sua autorità; perché quello che ordinò quel regno, conoscendo la ambizione de' potenti e la insolenzia loro, e iudicando essere loro necessario uno freno in bocca che li correggessi e, dall'altra parte, conoscendo l'odio dello universale contro a' grandi fondato in sulla paura, e volendo assicurarli, non volse che questa fussi particulare cura del re,[28] per torli quel carico ch'e' potessi avere co' grandi favorendo e' populari, e con li populari favorendo e' grandi; e però costituì uno iudice terzo, che fussi quello che, sanza carico del re, battessi e' grandi e favorissi e' minori. Né possé essere questo ordine migliore né più prudente, né che sia maggiore cagione della securtà del re e del regno. Di che si può trarre un altro notabile:[29] che li principi debbano le cose di carico[30] fare sumministrare ad altri, quelle di grazia a loro medesimi. Di nuovo concludo che uno principe debbe stimare[31] e' grandi, ma non si fare odiare dal populo.

[23] «fino a maggior età di...».
[24] «di non ridurre alla disperazione le persone influenti e di dare soddisfazione al popolo e di tenerlo buono».
[25] «compiti».
[26] «leggi».
[27] Il parlamento francese iniziò a funzionare sotto Luigi IX (intorno al 1254) e divenne stabile istituzione nel 1302 con Filippo il Bello.
[28] «un ruolo specifico del re».
[29] «Da questo si può trarre un'altra osservazione».
[30] «gli affari svantaggiosi».
[31] «lusingare».

Parrebbe forse a molti, considerato la vita e morte di alcuno imperatore romano, che fussino exempli contrarii a questa mia opinione, trovando alcuno essere vissuto sempre egregiamente e mostro[32] grande virtù d'animo, nondimeno avere perso lo imperio, ovvero essere stato morto[33] da' suoi che gli hanno coniurato contro. Volendo, pertanto, rispondere a queste obiezioni, discorrerò le qualità di alcuni imperatori, mostrando le cagioni della loro ruina, non disforme da quello che da me si è addutto;[34] e parte metterò in considerazione quelle cose che sono notabili a chi legge le azioni di quelli tempi. E voglio mi basti pigliare tutti quegli imperatori che succederono allo imperio da Marco filosofo a Massimino:[35] li quali furono Marco, Commodo suo figliuolo, Pertinace, Iuliano, Severo, Antonino Caracalla suo figliuolo, Macrino, Eliogabalo, Alessandro e Massimino. Ed è, prima, da notare che, dove negli altri principati si ha solo a contendere con la ambizione de' grandi e insolenzia de' populi, gli imperadori romani avevano una terza difficultà: di avere a sopportare la crudeltà e avarizia[36] de' soldati. La qual cosa era sì difficile, che la fu cagione della ruina di molti, sendo difficile satisfare a' soldati e a' populi; perché e' populi amavono la quiete, e per questo amavono e' principi modesti,[37] e li soldati amavono el principe di animo militare e che fussi insolente, crudele e rapace; le quali cose volevano che lui esercitassi ne' populi, per potere avere duplicato stipendio e sfogare la loro avarizia e crudeltà. Le quali cose feciono che quegli imperadori che, per natura o per arte, non aveano una grande reputazione, tale che con quella tenessino l'uno e l'altro in freno, sempre ruinavono. E li più di loro, massime quelli che come uomini nuovi venivano al principato,[38] conosciuta la difficultà di questi dua diversi umori, si volgevano a satisfare a' soldati, sti-

---

[32] «dimostrato».
[33] «ucciso».
[34] «in modo non dissimile dalle argomentazioni da me sostenute».
[35] Dal 161 a.C. al 238 a.C.
[36] «avidità».
[37] «moderati».
[38] «soprattutto quelli che dal nulla arrivavano al potere».

mando poco lo iniuriare il populo. Il quale partito era necessario: perché, non potendo e' principi mancare di non essere odiati da qualcuno, si debbano prima forzare di non essere odiati dalle università; e, quando non possano conseguire questo, si debbano ingegnare con ogni industria fuggire l'odio di quelle università che sono più potenti. E però quegli imperatori che per novità avevano bisogno di favori estraordinarii, si aderivano a' soldati più tosto che a' populi; il che tornava loro, nondimeno, utile o no, secondo che quel principe si sapeva mantenere reputato con loro.[39] Da queste cagioni sopradette nacque che Marco, Pertinace e Alessandro, sendo tutti di modesta vita, amatori della iustizia, inimici della crudeltà, umani, benigni, ebbono tutti, da Marco in fuora, tristo fine.[40] Marco solo visse e morì onoratissimo, perché lui succedé allo imperio iure hereditario,[41] e non aveva a riconoscere quello né da' soldati né da' populi; di poi, sendo accompagnato da molte virtù che lo facevano venerando, tenne sempre, mentre[42] che visse, l'uno ordine e l'altro intra e' termini suoi, e non fu mai né odiato né disprezzato. Ma Pertinace, creato imperatore contro alla voglia de' soldati, li quali, sendo usi a vivere licenziosamente[43] sotto Commodo, non poterono sopportare quella vita onesta alla quale Pertinace li voleva ridurre, onde avendosi creato odio, e a questo odio aggiunto il disprezzo sendo vecchio, ruinò ne' primi principii della sua amministrazione.

E qui si debbe notare che l'odio s'acquista così mediante le buone opere, come le triste: e però, come io dissi di sopra, volendo uno principe mantenere lo stato, è spesso forzato a non essere buono; perché, quando quella università, o populi o soldati o grandi che sieno, della quale tu iudichi per mantenerti, avere bisogno, è corrotta, ti conviene seguire l'umore suo per

[39] «in relazione al prestigio che [...]».
[40] Publio Elvio Pertinace (1 gennaio-26 marzo 193) fu ucciso dai pretoriani; Alessandro Severo (222-235) fu anche lui ucciso dai suoi soldati; Marco Aurelio (161-180), fu imperatore-filosofo (*I Ricordi*) e grande uomo di stato.
[41] «prese il potere per diritto ereditario».
[42] «finché».
[43] «con estrema libertà».

satisfarle; e allora le buone opere ti sono nimiche. Ma vegnamo ad Alessandro:[44] il quale fu di tanta bontà, che intra le altre laude che li sono attribuite è questa, che in quattordici anni che tenne lo imperio, non fu mai morto da lui alcuno iniudicato;[45] nondimanco, sendo tenuto effeminato, e uomo che si lasciassi governare alla madre, e per questo venuto in disprezzo, conspirò in lui lo esercito, e ammazzollo.

Discorrendo ora, per opposito, le qualità di Commodo, di Severo, Antonino Caracalla e Massimino,[46] li troverrete crudelissimi e rapacissimi; li quali, per satisfare a' soldati, non perdonorono ad alcuna qualità di iniuria che ne' populi si potessi commettere;[47] e tutti, eccetto Severo, ebbono tristo fine. Perché in Severo fu tanta virtù, che, mantenendosi e' soldati amici, ancora che i populi fussino da lui gravati,[48] possé sempre regnare felicemente; perché quelle sua virtù lo facevano nel conspetto de' soldati e de' populi sì mirabile, che questi rimanevano quodammodo[49] attoniti e stupidi, e quegli altri reverenti[50] e satisfatti.

E perché le azioni di costui furono grandi e notabili in uno principe nuovo, io voglio mostrare brevemente quanto bene seppe usare la persona[51] della golpe e del lione: le quali nature io dico di sopra essere necessarie imitare a uno principe. Conosciuto Severo la ignavia[52] di Iuliano imperatore, persuase al suo esercito, del quale era in Stiavonia[53] capitano, che gli era bene andare a Roma a vendicare la morte di Pertinace, il quale da'

---

[44] Alessandro Severo.
[45] «nessuno fu ucciso senza processo».
[46] Marco Aurelio Commodo (180-192); Settimio Severo (193-211); Antonino Caracalla (211-217); Massimino (235-238).
[47] «non esitarono a commettere ogni specie di delitto che si potesse fare contro il popolo».
[48] «benché il popolo fosse da lui oppresso».
[49] «in un certo modo».
[50] «stupìti».
[51] «la maschera, quindi il ruolo».
[52] «viltà». Il senatore Giuliano acquistò, letteralmente all'asta, l'impero nel 195 dai pretoriani che avevano ucciso Pertinace.
[53] «in Illiria».

soldati pretoriani era stato morto. E sotto questo colore,[54] sanza mostrare di aspirare allo imperio, mosse lo esercito contro a Roma; e fu prima in Italia che si sapessi la sua partita.[55] Arrivato a Roma, fu dal senato, per timore, eletto imperatore e morto Iuliano. Restava, dopo questo principio, a Severo due difficultà, volendosi insignorire di tutto lo stato: l'una in Asia, dove Pescennio Nigro,[56] capo degli eserciti asiatici, si era fatto chiamare imperatore; e l'altra in ponente, dove era Albino,[57] quale ancora lui aspirava allo imperio. E perché iudicava periculoso scoprirsi inimico a tutti a dua, deliberò di assaltare Nigro e ingannare Albino. Al quale scrisse come, sendo dal senato eletto imperatore, voleva partecipare quella dignità con lui; e mandogli il titulo di Cesare e, per deliberazione del senato, se lo aggiunse collega: le quali cose furono da Albino accettate per vere. Ma poiché Severo ebbe vinto e morto Nigro, e pacate le cose orientali, ritornatosi a Roma, si querelò,[58] in senato, come Albino, poco conoscente de' benefizii ricevuti da lui, aveva dolosamente cerco[59] di ammazzarlo, e per questo lui era necessitato andare a punire la sua ingratitudine. Di poi andò a trovarlo in Francia, e li tolse lo stato e la vita.

Chi esaminerà, adunque, tritamente[60] le azioni di costui, lo troverrà uno ferocissimo lione e una astutissima golpe; e vedrà quello temuto e reverito da ciascuno e dagli eserciti non odiato; e non si maraviglierà se lui, uomo nuovo, arà possuto tenere tanto imperio; perché la sua grandissima reputazione lo difese sempre da quello odio ch'e' populi per le sue rapine avevano potuto concipere.[61] Ma Antonino,[62] suo figliuolo, fu ancora lui

[54] «E con questo pretesto».
[55] «partenza».
[56] Caio Pescennino Nigro (193-195), proclamato imperatore dalle legioni di Antiochia.
[57] Decio Claudio Settimio Albino, decapitato da Severo nel 197.
[58] «si dolse».
[59] «cercato».
[60] «analiticamente».
[61] «concepire».
[62] Antonino Caracalla (211-217) che uccise, tra l'altro, il fratello Geta e il giurista Papiniano.

uomo che aveva parte eccellentissime[63] e che lo facevano maraviglioso nel conspetto de' populi e grato a' soldati; perché era uomo militare, sopportantissimo d'ogni fatica, disprezzatore d'ogni cibo delicato e d'ogni altra mollizie:[64] la qual cosa lo faceva amare da tutti gli eserciti; nondimanco la sua ferocia e crudeltà fu tanta e sì inaudita, per avere, dopo infinite occisioni particulari, morto gran parte del populo di Roma[65] e tutto quello di Alessandria, che diventò odiosissimo a tutto il mondo. E cominciò ad essere temuto etiam da quelli ch'egli aveva intorno; in modo che fu ammazzato da uno centurione,[66] in mezzo del suo esercito. Dove è da notare che queste simili morti, le quali seguano per deliberazione di uno animo ostinato, sono da' principi inevitabili; perché ciascuno che non si curi di morire lo può offendere; ma debbe bene el principe temerne meno, perché le sono rarissime. Debbe solo guardarsi di non fare grave iniuria ad alcuno di coloro de' quali si serve, e che gli ha d'intorno al servizio del suo principato: come aveva fatto Antonino, il quale aveva morto contumeliosamente uno fratello di quel centurione, e lui ogni giorno minacciava; tamen lo teneva a guardia del corpo suo; il che era partito temerario e da ruinarvi come gli intervenne.

Ma vegnamo a Commodo;[67] al quale era facilità grande tenere lo imperio, per averlo iure hereditario, sendo figliuolo di Marco; e solo li bastava seguire le vestigie del padre, e a' soldati e a' populi arebbe satisfatto. Ma, sendo d'animo crudele e bestiale, per potere usare la sua rapacità ne' popoli, si volse a intrattenere gli eserciti e farli licenziosi;[68] dall'altra parte, non tenendo la sua dignità, discendendo spesso ne' teatri[69] a combattere co' gladiatori, e faccendo altre cose vilissime e poco degne della maestà imperiale, diventò contennendo nel conspetto

---

[63] «le più eccellenti qualità».
[64] «mollezza».
[65] «dopo singoli infiniti assassinii, fatto fuori moltissimi cittadini romani».
[66] Nel 217.
[67] Aurelio Commodo Antonino (180-192).
[68] «cercò di tirar dalla sua parte l'esercito, attraverso l'eccesso di libertà».
[69] «nell'arena».

de' soldati. Ed essendo odiato dall'una parte e disprezzato dall'altra, fu conspirato in lui, e morto.

Restaci a narrare le qualità di Massimino.[70] Costui fu uomo bellicosissimo; ed essendo gli eserciti infastiditi della mollizie di Alessandro, del quale ho di sopra discorso, morto lui, lo elessono allo imperio. Il quale non molto tempo possedé; perché dua cose lo feciono odioso e contennendo; l'una, essere vilissimo[71] per avere già guardato le pecore in Tracia (la qual cosa era per tutto notissima, e gli faceva una grande dedignazione[72] nel conspetto di qualunque); l'altra, perché, avendo, nello ingresso del suo principato, differito lo andare a Roma ed intrare nella possessione della sedia[73] imperiale, aveva dato di sé opinione di crudelissimo, avendo per li sua prefetti, in Roma e in qualunque luogo dello imperio, esercitato molte crudeltà. Tal che, commosso tutto el mondo dallo sdegno[74] per la viltà del suo sangue, e dallo odio per la paura della sua ferocia, si rebellò prima Affrica, di poi el senato con tutto el popolo di Roma; e tutta Italia gli conspirò contro. A che si aggiunse el suo proprio esercito; quale, campeggiando Aquileia e trovando difficultà nella espugnazione, infastidito della crudeltà sua, e per vederli tanti inimici temendolo meno, lo ammazzò.

Io non voglio ragionare né di Eliogabalo né di Macrino né di Iuliano,[75] li quali, per essere al tutto contennendi, si spensono subito; ma verrò alla conclusione di questo discorso. E dico che li principi de' nostri tempi hanno meno questa difficultà di satisfare estraordinariamente a' soldati ne' governi loro;[76] perché, nonostante che si abbi ad avere a quelli qualche considerazione, tamen si resolve presto, per non avere, alcuno di questi principi, eserciti insieme che sieno inveterati con li go-

---

[70] Giulio Vero Massimino (235-238).
[71] «di essere di umili origini».
[72] «disprezzo».
[73] «trono».
[74] «presi tutti dallo sdegno».
[75] Eliogabalo (218-222); Macrino (217-218); Marco Didio Giuliano (193).
[76] «nell'esercizio del potere».

verni e amministrazione delle provincie,[77] come erano gli eserciti dello imperio romano. E però, se allora era necessario satisfare più a' soldati che a' populi, era perch'e' soldati potevano più ch'e' populi; ora è più necessario a tutti e' principi, eccetto che al Turco[78] e al Soldano, satisfare a' populi che a' soldati,[79] perché e' populi possono più di quelli. Di che io ne eccettuo el Turco, tenendo sempre quello intorno a sé dodicimila fanti e quindicimila cavalli, da' quali depende la securtà e la fortezza del suo regno: ed è necessario che, posposto ogni altro respetto, quel signore se li mantenga amici. Similmente el regno del Soldano sendo tutto in mano de' soldati, conviene che ancora lui, sanza respetto de' populi, se li mantenga amici. E avete a notare che questo stato del Soldano è disforme[80] da tutti gli altri principati, perché egli è simile al pontificato cristiano, il quale non si può chiamare né principato ereditario né principato nuovo; perché non e' figliuoli del principe vecchio sono eredi e rimangono signori, ma colui che è eletto a quel grado da coloro che ne hanno autorità. Ed essendo questo ordine antiquato, non si può chiamare principato nuovo, perché in quello non sono alcune di quelle difficultà che sono ne' nuovi; perché, sebbene el principe è nuovo, gli ordini di quello stato sono vecchi, e ordinati a riceverlo come se fussi loro signore ereditario.

Ma torniamo alla materia nostra. Dico che qualunque considerrà el soprascritto discorso, vedrà o l'odio o il disprezzo essere suto cagione della ruina di quegli imperadori prenominati; e conoscerà ancora donde nacque che parte di loro procedendo in uno modo e parte al contrario, in qualunque di quelli, uno di loro ebbe felice e gli altri infelice fine. Perché a Pertinace ed Alessandro, per essere principi nuovi, fu inutile e dannoso volere imitare Marco, che era nel principato iure hereditario; e similmente a Caracalla, Commodo e Massimino essere stata cosa

---

[77] «eserciti che da molto tempo partecipano allo stesso governo civile e militare».
[78] il sultano dei Turchi.
[79] il sultano d'Egitto. «si appoggino al popolo piuttosto che [...]».
[80] «strutturalmente diverso».

perniziosa imitare Severo, per non avere avuta tanta virtù che bastassi a seguitare le vestigie sua.[81] Pertanto, uno principe nuovo, in uno principato nuovo, non può imitare le azioni di Marco, né ancora è necessario seguitare quelle di Severo; ma debbe pigliare da Severo quelle parti che per fondare el suo stato sono necessarie, e da Marco quelle che sono convenienti e gloriose a conservare uno stato che sia di già stabilito e fermo.[82]

---

[81] «le sue orme».
[82] «stabilizzato».

XX

AN ARCES ET MULTA ALIA QUAE COTIDIE A
PRINCIPIBUS FIUNT UTILIA AN INUTILIA SINT*

Alcuni principi, per tenere securamente[1] lo stato, hanno disarmato e' loro sudditi; alcuni altri hanno tenuto divise le terre subiette;[2] alcuni hanno nutrito[3] inimicizie contro a se medesimi; alcuni altri si sono volti a guadagnarsi quelli che gli erano suspetti nel principio del suo stato; alcuni hanno edificato fortezze; alcuni le hanno ruinate e destrutte. E benché di tutte queste cose non si possa dare determinata sentenzia, se non si viene a' particulari di quelli stati dove si avessi a pigliare alcuna simile deliberazione, nondimanco io parlerò in quel modo largo che la materia per se medesima sopporta.[4]

Non fu mai, adunque, che uno principe nuovo disarmassi e' sua sudditi; anzi, quando gli ha trovati disarmati, sempre gli[5] ha armati; perché, armandosi, quelle arme diventano tua; diventano fedeli quelli che ti sono sospetti; e quelli che erano fedeli si mantengono e di sudditi si fanno tuoi partigiani. E

---

* XX - UTILITÀ OD INUTILITÀ
DELLE FORTEZZE E DI
ALTRE TECNICHE QUOTIDIANE
DEI PRINCIPI

[1] «per conservare con certezza».
[2] «i territori sottomessi».
[3] «sostenuto».
[4] «E benché da tutte queste cose non si possa trarre una legge precisa, se non si analizzano i fenomeni specifici di quegli stati in cui si dovesse prendere qualche decisione simile, tenterò ugualmente una generalizzazione adeguata all'oggetto.»
[5] «li».

perché tutti e' sudditi non si possono armare, quando si benefichino quelli che tu armi, con gli altri si può fare più a sicurtà; e quella diversità del procedere che conoscono in loro, li fa tua obligati;[6] quegli altri ti scusano, iudicando essere necessario quelli avere più merito[7] che hanno più periculo e più obligo. Ma quando tu li disarmi, tu cominci a offenderli; mostri che tu abbi in loro diffidenzia o per viltà o per poca fede: e l'una e l'altra di queste opinioni concepe odio contro di te. E perché tu non puoi stare disarmato, conviene ti volti alla milizia mercenaria, la quale è di quella qualità che di sopra è detto; e quando la fussi buona, non può essere tanta che ti defenda da' nimici potenti e da' sudditi sospetti. Però, come io ho detto, uno principe nuovo, in uno principato nuovo, sempre vi ha ordinato le armi; e di questi esempli ne sono piene le istorie.

Ma quando uno principe acquista uno stato nuovo che, come membro, si aggiunga al suo vecchio, allora è necessario disarmare quello stato, eccetto quelli che nello acquistarlo sono suti tuoi partigiani;[8] e quelli ancora, col tempo e con le occasioni, è necessario renderli molli ed effeminati, e ordinarsi in modo che solo le armi di tutto el tuo stato sieno in quelli tua soldati proprii, che nello stato tuo antiquo vivono appresso di te.

Solevano gli antiqui nostri, e quelli che erano stimati savi, dire come era necessario tenere Pistoia con le parti[9] e Pisa con le fortezze; e per questo nutrivano in qualche terra loro suddita le differenzie,[10] per possederle più facilmente. Questo, in quelli tempi che Italia era in uno certo modo bilanciata, doveva essere ben fatto;[11] ma non credo che si possa dare oggi per precetto:[12] perché io non credo che le divisioni facessino mai bene

---

[6] «e quella diversità di trattamento che riconoscono nei loro riguardi, li rende dipendenti da te».
[7] «maggiori privilegi».
[8] «sostenitori».
[9] «fazioni».
[10] «e per questo appoggiavano i conflitti in qualche territorio dipendente».
[11] «Questo doveva esser giusto nei tempi di un certo equilibrio politico dell'Italia».
[12] «possa costituire una legge».

alcuno; anzi è necessario, quando il nimico si accosta, che le città divise si perdino subito; perché sempre la parte più debole si aderirà alle forze esterne, e l'altra non potrà reggere.[13]

E' Viniziani, mossi, come io credo, dalle ragioni soprascritte, nutrivano le sètte guelfe e ghibelline nelle città loro suddite; e benché non li lasciassino mai venire al sangue, tamen nutrivano fra loro questi dispareri,[14] acciò che, occupati quelli cittadini in quelle loro differenzie, non si unissino contro di loro. Il che, come si vide, non tornò loro poi a proposito; perché, sendo rotti a Vailà, subito una parte di quelle prese ardire,[15] e tolsono loro tutto lo stato. Arguiscano,[16] pertanto, simili modi debolezza del principe: perché in uno principato gagliardo mai si permetteranno simili divisioni; perché le fanno solo profitto a tempo di pace, potendosi, mediante quelle, più facilmente maneggiare e' sudditi; ma venendo la guerra, mostra simile ordine la fallacia sua.[17]

Sanza dubbio e' principi diventano grandi quando superano le difficultà e le opposizioni che sono fatte loro; e però la fortuna, massime quando vuole fare grande uno principe nuovo, il quale ha maggiore necessità di acquistare reputazione che uno ereditario, li fa nascere de' nimici, e li[18] fa fare delle imprese contro, acciò che quello abbi cagione di superarle, e su per quella scala che gli hanno pòrta e' nimici sua, salire più alto. Però molti iudicano che uno principe savio debbe, quando ne abbi la occasione, nutrirsi con astuzia qualche inimicizia, acciò che, oppresso quella, ne seguiti maggiore sua grandezza.

Hanno e' principi, et praesertim[19] quelli che sono nuovi, trovato più fede e più utilità in quegli uomini che nel principio del loro stato sono suti tenuti sospetti, che in quelli che nel princi-

---

[13] «e il gruppo dominante non potrà conservare il potere.»
[14] «conflitti».
[15] Dopo la battaglia di Agnadello o Vailate (1509), Brescia, Verona, Vicenza, Padova, ed altre città si ribellarono.
[16] «rivelano».
[17] «questa strategia dimostra la sua debolezza.»
[18] «gli».
[19] «soprattutto».

pio erano confidenti. Pandolfo Petrucci, principe di Siena,[20] reggeva lo stato suo più con quelli che li furono sospetti che con li altri. Ma di questa cosa non si può parlare largamente, perché la varia secondo el subietto.[21] Solo dirò questo, che quegli uomini che nel principio di uno principato erono stati inimici, che sono di qualità che a mantenersi abbino bisogno di appoggiarsi, sempre el principe con facilità grandissima se li potrà guadagnare; e loro maggiormente sono forzati a servirlo con fede, quanto conoscano essere loro più necessario cancellare con le opere quella opinione sinistra che si aveva di loro; e così il principe ne trae sempre più utilità, che di coloro che, servendolo con troppa sicurtà, straccurono[22] le cose sua.

E poiché la materia lo ricerca, non voglio lasciare indrieto ricordare a' principi che hanno preso uno stato di nuovo mediante e' favori intrinseci di quello,[23] che considerino bene qual cagione abbi mosso quelli che lo hanno favorito, a favorirlo; e, se ella non è affezione naturale verso di loro, ma fussi solo perché quelli non si contentavano di quello stato, con fatica e difficultà grande se li potrà mantenere amici, perché e' fia impossibile che lui possa contentarli. E discorrendo bene, con quegli esempli che dalle cose antiche e moderne si traggono, la cagione di questo, vedrà esserli molto più facile guadagnarsi amici quegli uomini che dello stato innanzi si contentavono, e però erano suoi inimici, che quelli che, per non se ne contentare, li diventorono amici e favorironlo a occuparlo.

È suta consuetudine de' principi, per potere tenere più sicuramente lo stato loro, edificare fortezze, che sieno la briglia e il freno di quelli che disegnassino fare loro contro, e avere uno refugio securo da uno subito[24] impeto. Io laudo questo modo,

---

[20] Signore di Siena nel 1500 e grande nemico del Valentino, contro cui ordì la congiura della Magione.
[21] «Ma questo fatto non si può generalizzare, perché varia al variare dei singoli fenomeni.»
[22] «trascurano».
[23] «con aiuti dall'interno».
[24] «improvviso».

perché gli è usitato ab antiquo.[25] Nondimanco, messer Niccolò
Vitelli, ne' tempi nostri, si è visto disfare[26] dua fortezze in
Città di Castello, per tenere quello stato. Guido Ubaldo, duca
di Urbino,[27] ritornato nella sua dominazione donde da Cesare
Borgia era suto cacciato, ruinò funditus[28] tutte le fortezze di
quella provincia, e iudicò sanza quelle più difficilmente riperdere quello stato. E' Bentivogli, ritornati in Bologna,[29] usoro-
no simili termini. Sono, dunque, le fortezze utili o no, secondo
e' tempi; e se le ti fanno bene in una parte, ti offendano[30] in
una altra. E puossi discorrere questa parte così: quel principe
che ha più paura de' populi che de' forestieri, debbe fare le fortezze; ma quello che ha più paura de' forestieri che de' populi,
debbe lasciarle indrieto. Alla casa Sforzesca ha fatto e farà più
guerra el castello di Milano, che vi edificò Francesco Sforza,
che alcuno altro disordine di quello stato. Però la migliore fortezza che sia, è non essere odiato dal populo; perché, ancora
che tu abbi le fortezze, e il populo ti abbi in odio, le non ti sal-
vono; perché non mancano mai a' populi, preso che gli hanno
l'armi, forestieri che li soccorrino. Ne' tempi nostri, non si vede che quelle abbino profittato ad alcuno principe, se non alla
contessa di Furlì, quando fu morto el conte Girolamo suo con-
sorte;[31] perché, mediante quella, possé fuggire l'impeto populare, e aspettare el soccorso da Milano, e recuperare lo stato. E
li tempi stavano allora in modo, che il forestiere non posseva
soccorrere el populo. Ma di poi valsono ancora a lei poco le fortezze, quando Cesare Borgia l'assaltò, e che il populo suo ini-

---

[25] «Io lodo questi strumenti, consolidati da gran tempo.»

[26] «distruggere». Niccolò Vitelli distrusse, nel 1482, due fortezze fatte costrui-
re da papa Sisto IV nel 1474, quando venne cacciato da Città di Castello.

[27] Guidobaldo da Montefeltro, ritornò definitivamente in possesso dello stato
dopo la morte di Alessandro VI, e distrusse le fortezze.

[28] «distrusse dalle fondamenta».

[29] Nel 1511.

[30] «danneggiano».

[31] Girolamo Riario, marito di Caterina Sforza, fu ucciso nel 1488, a Forlì. Caterina si rifugiò nel castello e qui attese l'aiuto di Lodovico il Moro, che poi le
ridette lo stato.

mico si coniunse col forestiero.[32] Pertanto, allora e prima, sarebbe suto più sicuro a lei non essere odiata dal populo che avere le fortezze. Considerato, adunque, tutte queste cose, io lauderò chi farà le fortezze e chi non le farà; e biasimerò qualunque,[33] fidandosi delle fortezze, stimerà poco essere odiato da' populi.

[32] Nel 1499 il popolo si ribellò e il Valentino espugnò la rocca.
[33] «chiunque».

XXI

QUOD PRINCIPEM DECEAT UT EGREGIUS HABEATUR*

Nessuna cosa fa tanto stimare uno principe, quanto fanno le grandi imprese e dare di sé rari esempli. Noi abbiamo ne' nostri tempi Ferrando di Aragona,[1] presente re di Spagna. Costui si può chiamare quasi principe nuovo, perché, di uno re debole, è diventato per fama e per gloria el primo re de' Cristiani; e se considerrete le azioni sua, le troverrete tutte grandissime e qualcuna estraordinaria. Lui nel principio del suo regno assaltò la Granata:[2] e quella impresa fu il fondamento dello stato suo. Prima, e' la fece ozioso e sanza sospetto di essere impedito:[3] tenne occupati in quella gli animi di quelli baroni di Castiglia, li quali, pensando a quella guerra, non pensavano a innovare. E lui acquistava, in quel mezzo, reputazione e imperio sopra di loro, che non se ne accorgevano; possé nutrire, con danari della Chiesa e de' populi, eserciti, e fare uno fondamento, con quella guerra lunga, alla milizia sua; la quale lo ha di poi onorato. Oltre a questo, per potere intraprendere maggiori imprese, servendosi sempre della religione, si volse a una pietosa crudeltà,[4] cacciando e spogliando, el suo regno, de' Marrani:[5] né può essere questo esempio più miserabile né più raro. Assaltò, sotto

* XXI - GLI STRUMENTI PER IL PRESTIGIO DEL PRINCIPE

[1] Ferdinando il Cattolico, re dal 1479 al 1516.
[2] Nel 1492.
[3] «in un momento di pace interna e senza timore di essere impedito».
[4] «a una crudeltà ispirata da motivi religiosi».
[5] I marranos erano ebrei e mori convertiti a forza al cattolicesimo. Furono cacciati dalla Spagna nel 1501-1502.

questo medesimo mantello, l'Affrica:[6] fece l'impresa di Italia: ha ultimamente assaltato la Francia; e così sempre ha fatte e ordite cose grandi, le quali sempre hanno tenuto sospesi e ammirati gli animi de' sudditi e occupati nello evento di esse. E sono nate queste sua azioni in modo, l'una dall'altra, che non ha dato mai, infra[7] l'una e l'altra, spazio agli uomini di potere quietamente operarli contro.

Giova ancora assai a uno principe dare di sé esempli rari circa e' governi di dentro,[8] simili a quelli che si narrano di messer Bernabò da Milano,[9] quando si ha l'occasione di qualcuno che operi qualche cosa estraordinaria, o in bene o in male, nella vita civile, e pigliare uno modo, circa premiarlo o punirlo, di che s'abbia a parlare assai. E sopra tutto, uno principe si debbe ingegnare dare di sé in ogni sua azione fama di uomo grande e d'ingegno eccellente.

È ancora[10] stimato uno principe, quando egli è vero amico e vero inimico; cioè quando, sanza alcuno respetto,[11] si scuopre in favore di alcuno contro ad un altro. Il quale partito fia sempre più utile che stare neutrale; perché se dua potenti tuoi vicini vengono alle mani, o sono di qualità che, vincendo uno di quelli, tu abbi a temere del vincitore, o no. In qualunque di questi dua casi, ti sarà sempre più utile lo scoprirti e fare buona guerra; perché, nel primo caso, se tu non ti scuopri sarai sempre preda di chi vince, con piacere e satisfazione di colui che è stato vinto, e non hai ragione né cosa alcuna che ti defenda né che ti riceva; perché, chi vince non vuole amici sospetti e che non lo aiutino nelle avversità, chi perde, non ti riceve, per non avere tu voluto con le arme in mano correre la fortuna sua.

Era passato in Grecia Antioco, messovi dagli Etoli per cacciarne e' Romani.[12] Mandò Antioco oratori agli Achei, che era-

---

[6] «con quello stesso pretesto, l'Africa» (1509).
[7] «fra».
[8] «rari modelli di politica interna».
[9] Bernabò Visconti, signore di Milano dal 1354 al 1385.
[10] «anche».
[11] «senza nessuna paura».
[12] Cfr. cap. III.

no amici de' Romani, a confortarli a stare di mezzo;[13] e da altra parte e' Romani li persuadevano a pigliare le arme per loro. Venne questa materia a deliberarsi nel concilio[14] degli Achei, dove il legato di Antioco li persuadeva a stare neutrali: a che il legato romano rispose: «Quod autem isti dicunt non interponendi vos bello, nihil magis alienum a rebus vestris est; sine gratia, sine dignitate, praemium victoris eritis».[15]

E sempre interverrà[16] che colui che non è amico ti ricercherà della neutralità, e quello che ti è amico ti richiederà che ti scuopra con le arme. E li principi mal resoluti,[17] per fuggire e' presenti periculi, seguono el più delle volte quella via neutrale, e il più delle volte ruinano. Ma quando el principe si scuopre gagliardamente in favore d'una parte, se colui con chi tu ti aderisci vince, ancora che sia potente e che tu rimanga a sua discrezione, egli ha teco obligo, e vi è contratto l'amore; e gli uomini non sono mai sì disonesti, che con tanto esemplo di ingratitudine ti opprimessino; di poi, le vittorie non sono mai sì stiette,[18] che il vincitore non abbi ad avere qualche respetto, e massime alla giustizia. Ma se quello con il quale tu ti aderisci perde, tu se' ricevuto da lui; e mentre che può ti aiuta, e diventi compagno d'una fortuna che può resurgere. Nel secondo caso, quando quelli che combattono insieme sono di qualità che tu non abbi a temere di quello che vince, tanto è maggiore prudenzia lo aderirsi, perché tu vai alla ruina di uno con lo aiuto di chi lo doverrebbe salvare, se fussi savio;[19] e, vincendo, rimane a tua discrezione, ed è impossibile, con lo aiuto tuo, che non vinca.

E qui è da notare che uno principe debbe avvertire di non fa-

---

[13] «ad essere neutrali».
[14] «assemblea».
[15] «Quanto a ciò che questi vi dicono di non farvi coinvolgere nella guerra, niente è più lontano dai vostri interessi; senza gratitudine e senza dignità, sarete premio al vincitore.» Citazione, a memoria, da Livio, XXXV, 48.
[16] «E succederà sempre».
[17] «indecisi».
[18] «strette».
[19] «tanto è più grande razionalità allearsi; perché tu distruggi uno con l'aiuto di chi lo dovrebbe salvare, se fosse saggio».

re mai compagnia con uno più potente di sé, per offendere altri, se non quando la necessità lo stringe, come di sopra si dice; perché, vincendo, rimani suo prigione:[20] e li principi debbano fuggire, quanto possono, lo stare a discrezione di altri. E' Viniziani si accompagnorono con Francia contro al duca di Milano,[21] e potevono fuggire di non fare quella compagnia; di che ne resultò la ruina loro. Ma quando non si può fuggirla (come intervenne a' Fiorentini quando il papa e Spagna[22] andorono con gli eserciti ad assaltare la Lombardia) allora si debba il principe aderire per le ragioni sopradette. Né creda mai alcuno stato potere sempre pigliare partiti[23] securi, anzi pensi di avere a prenderli tutti dubbii; perché si trova questo nell'ordine delle cose, che mai non si cerca fuggire uno inconveniente che non si incorra in uno altro; ma la prudenzia consiste in sapere conoscere le qualità degli inconvenienti e pigliare il meno tristo[24] per buono.

Debbe ancora uno principe mostrarsi amatore delle virtù dando recapito alli uomini virtuosi, e onorare gli eccellenti in una arte. Appresso, debbe animare li sua cittadini di potere quietamente esercitare gli esercizi loro, e nella mercanzia e nella agricultura e in ogni altro esercizio degli uomini; e che quello non tema di ornare[25] le sua possessioni per timore che le gli sieno tolte, e quell'altro di aprire uno traffico per paura delle taglie;[26] ma debbe preparare premi a chi vuol fare queste cose, e a qualunque pensa, in qualunque modo, ampliare la sua città o il suo stato. Debbe, oltre a questo, ne' tempi convenienti dell'anno, tenere occupati e' populi con le feste e spettaculi. E

[20] «prigioniero».
[21] Cap. III.
[22] Nella guerra della Lega santa (1511-12) i Fiorentini seguirono una politica di neutralità fra Luigi XII, da una parte, e il re di Spagna e il Papa, dall'altra. Questa neutralità indecisa produsse, nel 1512, la caduta della Repubblica fiorentina.
[23] «alleanze».
[24] «il meno peggio».
[25] «ampliare».
[26] «di intraprendere una attività commerciale per paura delle imposte».

perché ogni città è divisa in arte o in tribù,[27] debbe tenere conto di quelle università,[28] raunarsi con loro qualche volta, dare di sé esemplo di umanità e di munificenzia, tenendo sempre ferma nondimanco la maestà della dignità sua, perché questo non vuole[29] mai mancare in cosa alcuna.

[27] «in corporazioni e circoscrizioni».
[28] «gruppi».
[29] «deve».

XXII

DE HIS QUOS A SECRETIS PRINCIPES HABENT*

Non è di poca importanzia a uno principe la elezione[1] de' ministri; li quali sono buoni o no, secondo la prudenzia del principe. E la prima coniettura che si fa del cervello di uno signore, è vedere gli uomini che lui ha d'intorno; e quando e' sono sufficienti e fideli, si può sempre reputarlo savio, perché ha saputo conoscerli sufficienti e mantenerli fideli. Ma quando sieno altrimenti, sempre si può fare non buono iudizio di lui; perché el primo errore che fa, lo fa in questa elezione.

Non era alcuno che conoscessi messer Antonio da Venafro[2] per ministro di Pandolfo Petrucci, principe di Siena, che non iudicasse Pandolfo essere valentissimo uomo, avendo quello per suo ministro. E perché sono di tre generazione cervelli:[3] l'uno intende da sé, l'altro discerne quello che altri intende, el terzo non intende né sé né altri; quel primo è eccellentissimo, el secondo eccellente, el terzo inutile; conveniva pertanto di necessità, che, se Pandolfo non era nel primo grado, che fussi nel secondo: perché, ogni volta che uno ha iudicio di conoscere el bene o il male che uno fa e dice, ancora che da sé non abbia invenzione,[4] conosce le opere triste e le buone del ministro, e

---

* XXII - I CONSIGLIERI DEL PRINCIPE

[1] «la scelta».

[2] Antonio Giordani da Venafro (1459-1530), che insegnò prima diritto nell'Università di Siena, poi fu giudice, ed infine consigliere del Petrucci. È anche citato da F. Vettori e da F. Guicciardini.

[3] «Ci sono tre tipi di intelligenza».

[4] «benché non abbia capacità di capire da solo».

quelle esalta e le altre corregge; e il ministro non può sperare di ingannarlo, e mantiensi buono.

Ma come uno principe possa conoscere il ministro, ci è questo modo che non falla mai; quando tu vedi el ministro pensare più a sé che a te, e che in tutte le azioni vi ricerca drento l'utile suo, questo tale così fatto mai fia buono ministro, mai te ne potrai fidare: perché quello che ha lo stato di uno in mano, non debbe pensare mai a sé, ma al principe, e non li ricordare mai cosa che non appartenga a lui. E dall'altro canto, el principe, per mantenerlo buono, debba pensare al ministro, onorandolo, faccendolo ricco, obligandoselo, participandoli gli onori e carichi; acciò che vegga che non può stare sanza lui, e che gli assai onori non li faccino desiderare più onori, le assai ricchezze non li faccino desiderare più ricchezze, gli assai carichi[5] li faccino temere le mutazioni. Quando, dunque, e' ministri e li principi circa e' ministri sono così fatti, possono confidare l'uno dell'altro; e quando altrimenti, sempre il fine[6] fia dannoso o per l'uno o per l'altro.

[5] «le troppe cariche».
[6] «la conclusione».

XXIII

QUOMODO ADULATORES SINT FUGIENDI*

Non voglio lasciare indrieto uno capo[1] importante e uno errore dal quale e' principi con difficultà si defendano,[2] se non sono prudentissimi, o se non hanno buona elezione. E questi sono gli adulatori, de' quali le corti sono piene; perché gli uomini si compiacciono tanto nelle cose loro proprie e in modo[3] vi si ingannano, che con difficultà si defendano da questa peste; e a volersene defendere, si porta periculo di non diventare contennendo. Perché non ci è altro modo a guardarsi dalle adulazioni, se non che gli uomini intendino che non ti offendino[4] a dirti el vero; ma quando ciascuno può dirti el vero, ti manca la reverenzia.[5] Pertanto uno principe prudente debbe tenere uno terzo modo, eleggendo nel suo stato uomini savi, e solo a quelli debbe dare libero arbitrio a parlargli la verità, e di quelle cose sole che lui domanda, e non d'altro. Ma debbe domandarli d'ogni cosa, e le opinioni loro udire; e di poi deliberare da sé, a suo modo; e con questi consigli, e con ciascuno di loro, portarsi in modo che ognuno conosca che, quanto più liberamente si parlerà, tanto più li fia accetto: fuora di quelli, non volere udire alcuno, andare drieto alla cosa deliberata ed essere ostinato nelle deliberazioni sua. Chi fa altrimenti o e precipita per gli

---

* XXIII - EVITARE GLI ADULATORI
[1] «un punto».
[2] «si difendono».
[3] «e così tanto».
[4] «capiscono che non ti offendono».
[5] «il rispetto».

adulatori, o si muta spesso per la variazione de' pareri: di che ne nasce la poca estimazione sua.[6]

Io voglio a questo proposito addurre uno esemplo moderno. Pre' Luca,[7] uomo di Massimiliano, presente imperadore, parlando di sua maestà disse come e' non si consigliava con persona, e non faceva mai di alcuna cosa a suo modo: il che nasceva dal tenere contrario termine al sopradetto.[8] Perché lo imperadore è uomo secreto,[9] non comunica li sua disegni con persona, non ne piglia parere; ma, come, nel metterli ad effetto,[10] si cominciono a conoscere e scoprire, li cominciono ad essere contradetti da coloro che lui ha d'intorno; e quello, come facile, se ne stoglie.[11] Di qui nasce che quelle cose che fa uno giorno, destrugge l'altro; e che non si intenda mai quello si voglia o disegni fare; e che non si può sopra la sua deliberazioni fondarsi.

Uno principe, pertanto, debbe consigliarsi sempre; ma quando lui vuole e non quando vuole altri; anzi debbe torre animo[12] a ciascuno di consigliarlo d'alcuna cosa, se non gnene[13] domanda. Ma lui debbe bene essere largo domandatore, e di poi circa le cose domandate paziente auditore del vero; anzi, intendendo che alcuno per alcuno respetto non gnene dica, turbarsene. E perché molti esistimano che alcuno principe, il quale dà di sé opinione di prudente, sia così tenuto non per sua natura ma per li buoni consigli che lui ha d'intorno, sanza dubbio s'ingannano. Perché questa è una regola generale che non falla mai: che uno principe, il quale non sia savio per se stesso, non può essere consigliato bene, se già a sorte non si rimettessi in uno solo che al tutto lo governassi, che fussi uomo prudentissimo. In questo caso, potria bene essere, ma durerebbe poco, perché

---

[6] «stima nei suoi riguardi».
[7] Il vescovo Luca Rinaldi, ambasciatore dell'Imperatore Massimiliano, che Machiavelli conobbe durante la commissaria del 1508.
[8] «il che derivava dall'assumere una comportamento opposto a quello descritto.»
[9] «riservato».
[10] «ma non appena li mette in pratica».
[11] «da debole, abbandona i suoi progetti.»
[12] «scoraggiare».
[13] «glielo».

quello governatore in breve tempo li torrebbe lo stato. Ma, consigliandosi con più d'uno, uno principe che non sia savio non arà mai e' consigli uniti, né saprà per se stesso unirli; de' consiglieri, ciascuno penserà alla proprietà sua;[14] lui non li saprà correggere né conoscere. E non si possono trovare altrimenti; perché gli uomini sempre ti riusciranno tristi, se da una necessità non sono fatti buoni. Però si conclude che li buoni consigli, da qualunque venghino, conviene naschino dalla prudenzia del principe, e non la prudenzia del principe da' buoni consigli.

[14] «ai suoi interessi».

XXIV

CUR ITALIAE PRINCIPES REGNUM AMISERUNT*

Le cose soprascritte, osservate prudentemente, fanno parere,
uno principe nuovo, antico[1] e lo rendono subito più securo e
più fermo nello stato, che se vi fussi antiquato drento.[2] Perché
uno principe nuovo è molto più osservato nelle sue azioni che
uno ereditario; e quando le sono conosciute virtuose, pigliano
molto più gli uomini e molto più gli obligano che il sangue antico. Perché gli uomini sono molto più presi dalle cose presenti
che dalle passate; e quando nelle presenti truovono il bene, vi
si godono e non cercano altro; anzi piglieranno ogni difesa per
lui, quando non manchi nelle altre cose a se medesimo. E così
arà duplicata[3] gloria, di avere dato principio a uno principato
nuovo; e ornatolo e corroboratolo di buone legge, di buone arme e di buoni esempli; come quello ha duplicata vergogna, che,
nato principe, lo ha per sua poca prudenzia perduto.

E se si considerrà quelli signori che in Italia hanno perduto
lo stato a' nostri tempi, come il re di Napoli,[4] duca di Milano,[5]
e altri, si troverrà in loro, prima, uno comune defetto quanto

* XXIV - PER QUALI CAUSE I
PRINCIPI ITALIANI
HANNO PERSO IL
LORO REGNO

[1] «ereditario».
[2] «come se lo gestisse da lungo tempo.»
[3] «raddoppierà».
[4] Federigo d'Aragona.
[5] Lodovico il Moro.

alle armi,[6] per le cagioni che di sopra a lungo si sono discorse; di poi, si vedrà alcuno di loro o che arà avuto inimici e' populi, o, se arà avuto el populo amico, non si sarà saputo assicurare de' grandi: perché, sanza questi difetti, non si perdono li stati che abbino tanto nervo che possino tenere uno esercito alla campagna. Filippo Macedone,[7] non il padre di Alessandro, ma quello che fu vinto da Tito Quinto, aveva non molto stato, respetto alla grandezza de' Romani e di Grecia che lo assaltò: nondimanco, per essere uomo militare e che sapeva intrattenere el populo e assicurarsi de' grandi, sostenne più anni la guerra contro a quelli; e se alla fine perdé il dominio di qualche città, li rimase nondimanco el regno.

Pertanto, questi nostri principi, che erano stati molti anni nel principato loro, per averlo di poi perso non accusino la fortuna, ma la ignavia loro: perché, non avendo mai ne' tempi quieti pensato che possono mutarsi (il che è comune defetto degli uomini, non fare conto, nella bonaccia, della tempesta), quando poi vennono i tempi avversi, pensorono a fuggirsi e non a defendersi; e sperorono che e' populi, infastiditi dalla insolenzia de' vincitori, gli richiamassino. Il quale partito, quando mancono gli altri, è buono; ma è bene male[8] avere lasciati gli altri remedii per quello: perché non si vorrebbe mai cadere, per credere di trovare chi ti ricolga;[9] il che, o non avviene, o, s'egli avviene, non è con tua sicurtà, per essere quella difesa suta vile e non dependere da te. E quelle difese solamente sono buone, sono certe, sono durabili, che dependono da te proprio e dalla virtù tua.

---

[6] «per quanto riguarda l'organizzazione militare».
[7] Filippo V di Macedonia (221-179 a.C.) dovette, dopo la sconfitta di Cinocefale (197), concedere la libertà alla Grecia e ritirarsi nel suo dominio di Macedonia.
[8] «è molto male».
[9] «chi ti raccatti».

XXV

QUANTUM FORTUNA IN REBUS HUMANIS POSSIT, ET QUOMODO ILLI SIT OCCURRENDUM*

E' non mi è incognito come molti hanno avuto e hanno opinione che le cose del mondo sieno in modo[1] governate dalla fortuna e da Dio, che gli uomini con la prudenzia loro non possino correggerle, anzi non vi abbino remedio alcuno; e per questo potrebbono iudicare che non fussi da insudare molto[2] nelle cose, ma lasciarsi governare alla sorte. Questa opinione è suta più creduta ne' nostri tempi, per la variazione grande delle cose che si sono viste e veggonsi ogni dì, fuora di ogni umana coniettura.[3] A che pensando, io, qualche volta, mi sono in qualche parte inclinato nella opinione loro. Nondimanco, perché il nostro libero arbitrio non sia spento,[4] iudico potere essere vero che la fortuna sia arbitra della metà delle azioni nostre, ma che etiam lei ne lasci governare l'altra metà, o presso, a noi. E assomiglio quella a uno di questi fiumi rovinosi, che, quando s'adirano, allagano e' piani, ruinano gli alberi e gli edifizii, lievono da questa parte terreno, pongono da quell'altra; ciascuno fugge loro dinanzi, ognuno cede allo impeto loro, sanza potervi in alcuna parte obstare. E benché sieno così fatti, non resta però che gli uomini, quando sono tempi quieti, non vi potessino fare

---

* XXV - INCIDENZA DELLA CASUALITÀ
NEI COMPORTAMENTI UMANI
E MODI DI CONTROLLO

[1] «così».
[2] «che non bisogna molto affaticarsi».
[3] «previsione».
[4] «azzerato».

provvedimenti, e con ripari e argini, in modo che, crescendo poi, o egli andrebbano per uno canale, o l'impeto loro non sarebbe né sì licenzioso né sì dannoso. Similmente interviene della fortuna; la quale dimostra la sua potenzia dove non è ordinata virtù a resisterle; e quivi volta li sua impeti dove la sa che non sono fatti gli argini e li ripari a tenerla. E se voi considerrete l'Italia, che è la sedia[5] di queste variazioni e quella che ha dato loro il moto, vedrete essere una campagna sanza argini e sanza alcuno riparo: ché, s'ella fussi riparata da conveniente virtù, come la Magna, la Spagna e la Francia, o questa piena non arebbe fatte le variazioni grandi che ha, o la non ci sarebbe venuta.

E questo voglio basti avere detto quanto allo opporsi alla fortuna, in universali. Ma, restringendomi più a' particulari,[6] dico come si vede oggi questo principe felicitare, e domani ruinare,[7] sanza averli veduto mutare natura o qualità alcuna. Il che credo che nasca, prima, dalle cagioni che si sono lungamente per lo adrieto discorse, cioè che quel principe che si appoggia tutto in sulla fortuna, rovina, come quella varia. Credo, ancora, che sia felice quello che riscontra el modo del procedere suo con le qualità de' tempi,[8] e similmente sia infelice quello che con il procedere suo si discordano e' tempi. Perché si vede gli uomini, nelle cose che li conducono al fine[9] quale ciascuno ha innanzi, cioè glorie e ricchezze, procedervi variamente;[10] l'uno con respetto, l'altro con impeto; l'uno per violenzia, l'altro con arte; l'uno per pazienzia, l'altro con il suo contrario: e ciascuno con questi diversi modi vi può pervenire. Vedesi ancora dua respettivi,[11] l'uno pervenire al suo disegno, l'altro no; e simil-

---

[5] «la sede».
[6] «sui modi di controllo teorici della casualità. Ma, venendo ai dettagli analitici [...]».
[7] «che è sulla cresta dell'onda, e domani va a fondo [...]».
[8] «che abbia successo quel principe che modella i suoi comportamenti politici nel contesto storico».
[9] «nei comportamenti motivati da un obiettivo».
[10] «si comportano con variabilità».
[11] «che due prudenti».

mente dua equalmente felicitare con dua diversi studii,[12] sendo l'uno respettivo e l'altro impetuoso: il che non nasce da altro, se non dalla qualità de' tempi, che si conformano o no col procedere loro. Di qui nasce quello ho detto, che dua, diversamente operando, sortiscono el medesimo effetto; e dua equalmente operando, l'uno si conduce al suo fine, e l'altro no. Da questo ancora depende la variazione del bene; perché, se uno che si governa con respetti e pazienzia, e' tempi e le cose girono in modo che il governo suo sia buono, e' viene felicitando; ma, se li tempi e le cose si mutano, e' rovina, perché non muta modo di procedere. Né si truova uomo sì prudente che si sappi accomodare a questo; sì perché non si può deviare da quello a che la natura lo inclina; sì etiam perché, avendo sempre uno prosperato camminando per una via, non si può persuadere partirsi da quella. E però l'uomo respettivo, quando egli è tempo di venire allo impeto, non lo sa fare; donde rovina; ché, se si mutassi di natura con li tempi e con le cose, non si muterebbe fortuna.

Papa Iulio II procedé in ogni sua cosa impetuosamente; e trovò tanto e' tempi e le cose conforme a quello suo modo di procedere, che sempre sortì felice fine. Considerate la prima impresa che fe', di Bologna, vivendo ancora messer Giovanni Bentivogli. E' Viniziani non se ne contentavano;[13] el re di Spagna, quel medesimo; con Francia aveva ragionamenti[14] di tale impresa; e nondimanco, con la sua ferocia e impeto, si mosse personalmente a quella espedizione. La quale mossa fece stare sospesi e fermi Spagna e Viniziani; quelli per paura, e quell'altro per il desiderio aveva di recuperare tutto el regno di Napoli; e dall'altro canto si tirò drieto el re di Francia, perché, vedutolo quel re mosso, e desiderando farselo amico per abbassare e' Viniziani, iudicò non poterli negare le sua gente sanza iniuriarlo manifestamente. Condusse, adunque, Iulio, con la sua mossa impetuosa, quello che mai altro pontefice, con tutta la umana prudenzia arebbe condotto: perché, se egli aspettava di

[12] «con due diversi atteggiamenti».
[13] Nel 1506: «non la valutavano positivamente».
[14] «era in trattative».

partirsi da Roma con le conclusione ferme e tutte le cose ordinate, come qualunque altro pontefice arebbe fatto, mai li riusciva; perché il re di Francia arebbe avuto mille scuse, e gli altri messo mille paure. Io voglio lasciare stare le altre sue azioni, che tutte sono state simili, e tutte li sono successe bene. E la brevità della vita non gli ha lasciato sentire il contrario; perché, se fussino venuti tempi che fussi bisognato procedere con respetti, ne seguiva la sua ruina: né mai arebbe deviato da quelli modi a' quali la natura lo inclinava.

Concludo, adunque, che, variando la fortuna, e stando gli uomini ne' loro modi ostinati, sono felici mentre concordano insieme, e, come discordano, infelici. Io iudico bene questo: che sia meglio essere impetuoso che respettivo; perché la fortuna è donna, ed è necessario, volendola tenere sotto, batterla e urtarla. E si vede che la si lascia più vincere da questi, che da quelli che freddamente procedano; e però sempre, come donna, è amica de' giovani, perché sono meno respettivi, più feroci e con più audacia la comandano.

XXVI

EXHORTATIO AD CAPESSENDAM ITALIAM IN LIBERTATEMQUE A BARBARIS VINDICANDAM*

Considerato, adunque, tutte le cose di sopra discorse, e pensando meco medesimo se, al presente, in Italia correvano tempi da onorare uno nuovo principe, e se ci era materia che dessi occasione[1] a uno prudente e virtuoso di introdurvi forma che facessi onore a lui e bene alla università degli uomini di quella; mi pare concorrino tante cose in benefizio di uno principe nuovo, che io non so qual mai tempo fussi più atto a questo. E se, come io dissi,[2] era necessario, volendo vedere la virtù di Moisè, che il populo d'Isdrael fussi stiavo in Egitto; e a conoscere la grandezza dello animo di Ciro, ch'e' Persi fussino oppressati da' Medi, e la eccellenzia di Teseo, che gli Ateniesi fussino dispersi; così, al presente, volendo conoscere la virtù di uno spirito italiano, era necessario che la Italia si riducessi nel termine che ella è di presente, e che la fussi più stiava che gli Ebrei, più serva ch'e' Persi, più dispersa che gli Ateniesi; sanza capo, sanza ordine; battuta, spogliata, lacera, corsa; ed avessi sopportato d'ogni sorte ruina.

E benché fino a qui si sia mostro qualche spiraculo[3] in qualcuno, da potere iudicare che fussi ordinato da Dio per sua redenzione, tamen si è visto da poi, come, nel più alto corso delle

---

* XXVI - ESORTAZIONE A PIGLIARE L'ITALIA E A LIBERARLA DAI BARBARI

[1] «e se ci sia il modo che dia occasione».
[2] Cap. VI.
[3] «spiraglio».

114

azioni sue, è stato dalla fortuna reprobato.[4] In modo che, rimasa come sanza vita, espetta qual possa essere quello che sani le sue ferite, e ponga fine a' sacchi di Lombardia, alle taglie del Reame[5] e di Toscana, e la guarisca di quelle sue piaghe già per lungo tempo infistolite. Vedesi come la prega Dio, che le mandi qualcuno che la redima da queste crudeltà ed insolenzie barbare; vedesi ancora tutta pronta e disposta a seguire una bandiera, pur che ci sia uno che la pigli. Né ci si vede, al presente, in quale lei possa più sperare che nella illustre casa[6] vostra, quale con la sua fortuna e virtù, favorita da Dio e dalla Chiesa, della quale è ora principe, possa farsi capo di questa redenzione. Il che non fia molto difficile, se vi recherete innanzi le azioni e vita de' sopranominati. E benché quegli uomini sieno rari e maravigliosi, nondimanco furono uomini, ed ebbe ciascuno di loro minore occasione che la presente; perché la impresa loro non fu più iusta di questa, né più facile, né fu a loro Dio più amico che a voi. Qui è iustizia grande: «iustum enim est bellum quibus necessarium, et pia arma ubi nulla nisi in armis spes est».[7] Qui è disposizione grandissima; né può essere, dove è grande disposizione, grande difficultà, pur che quella pigli degli ordini di coloro che io ho proposti per mira.[8] Oltre di questo, qui si veggano estraordinarii[9] sanza esemplo condotti da Dio: el mare si è aperto; una nube vi ha scorto[10] el cammino; la pietra ha versato acqua; qui è piovuto la manna; ogni cosa è concorsa nella vostra grandezza. El rimanente dovete fare voi. Dio non vuole fare ogni cosa, per non ci torre el libero arbitrio e parte di quella gloria che tocca a noi.

E non è maraviglia se alcuno de' prenominati Italiani non ha possuto fare quello che si può sperare facci la illustre casa vo-

---

[4] «respinto».
[5] Regno di Napoli.
[6] La casa dei Medici. Il principe della Chiesa è Leone X.
[7] «Giusta è una guerra per coloro a cui è necessaria e religiose sono le armi quando non v'è speranza che in esse.» Citazione, a memoria, da Livio, IX, 1, 10.
[8] «come modelli».
[9] «prodigi».
[10] «vi ha guidato».

115

stra; e se, in tante revoluzioni di Italia e in tanti maneggi[11] di guerra, e' pare sempre che in quella la virtù militare sia spenta. Questo nasce che gli ordini antiqui di essa non erano buoni, e non ci è suto alcuno che abbi saputo trovare de' nuovi: e veruna cosa fa tanto onore a uno uomo che di nuovo surga, quanto fa le nuove legge e li nuovi ordini trovati da lui. Queste cose, quando sono bene fondate e abbino in loro grandezza, lo fanno reverendo e mirabile. E in Italia non manca materia da introdurvi ogni forma; qui è virtù grande nelle membra, quando[12] la non mancassi ne' capi. Specchiatevi ne' duelli e ne' congressi de' pochi, quanto gli Italiani sieno superiori con le forze, con la destrezza, con lo ingegno; ma, come si viene agli eserciti, non compariscono.[13] E tutto procede dalla debolezza de' capi; perché quelli che sanno, non sono obediti, e a ciascuno pare di sapere, non ci sendo infino a qui alcuno che si sia saputo rilevare, e per virtù e per fortuna, che gli altri cedino. Di qui nasce che, in tanto tempo, in tante guerre fatte ne' passati venti anni, quando egli è stato uno esercito tutto italiano, sempre ha fatto mala pruova. Di che è testimone prima el Taro, di poi Alessandria, Capua, Genova, Vailà, Bologna, Mestri.[14]

Volendo, dunque, la illustre casa vostra seguitare quegli eccellenti uomini che redimerno[15] le provincie loro, è necessario, innanzi a tutte le altre cose, come vero fondamento d'ogni impresa, provvedersi d'arme proprie; perché non si può avere né più fidi, né più veri, né migliori soldati. E benché ciascuno di essi sia buono, tutti insieme diventeranno migliori, quando si vedranno comandare dal loro principe e da quello onorare ed intratenere. È necessario, pertanto, prepararsi a queste arme, per potere con la virtù italica defendersi dagli esterni. E

---

[11] «esercizi».
[12] «se non».
[13] «non fanno buona figura.»
[14] Fornovo al Taro (1495), dove vinse Carlo VIII.
   Alessandria (1499), Capua (1501), Genova (1507), Vailate (1509), Bologna (1511), dove vinse Luigi XII.
   Mestre (1513), dove vinsero gli Spagnoli.
[15] «riscattarono».

116

benché la fanteria svizzera e spagnola sia esistimata[16] nondimanco in ambedua è difetto, per il quale uno o[...] zo[17] potrebbe non solamente opporsi loro ma confidare di [...]perarli. Perché li Spagnoli non possono sostenere e' cavalli, e li Svizzeri hanno ad avere paura de' fanti, quando li riscontrino nel combattere ostinati come loro. Donde si è veduto e vedrassi per esperienzia, li Spagnoli non potere sostenere una cavalleria franzese, e li Svizzeri essere rovinati da una fanteria spagnola. E benché di questo ultimo non se ne sia visto intera esperienzia, tamen se ne è veduto uno saggio nella giornata di Ravenna,[18] quando le fanterie spagnole si affrontorono con le battaglie[19] todesche, le quali servono[20] el medesimo ordine che le svizzere; dove li Spagnoli, con l'agilità del corpo e aiuti de' loro brocchieri, erano intrati, tra le picche loro, sotto, e stavano securi a offenderli sanza che li Todeschi vi avessino remedio; e se non fussi la cavalleria che li urtò, gli arebbano consumati tutti. Puossi, adunque, conosciuto el difetto dell'una e dell'altra di queste fanterie, ordinarne una di nuovo, la quale resista a' cavalli e non abbia paura de' fanti: il che farà la generazione delle armi e la variazione degli ordini.[21] E queste sono di quelle cose che, di nuovo ordinate, dànno reputazione e grandezza a uno principe nuovo.

Non si debba, adunque, lasciare passare questa occasione, acciò che la Italia, dopo tanto tempo, vegga uno suo redentore. Né posso esprimere con quale amore e' fussi ricevuto in tutte quelle provincie che hanno patito per queste illuvioni[22] esterne; con che sete di vendetta, con che ostinata fede, con che pietà, con che lacrime. Quali porte se gli serrerebbano?[23] quali

---

[16] «sia ritenuta».
[17] «un terzo tipo di esercito».
[18] 1512.
[19] «battaglioni».
[20] «mantengono».
[21] «e questo si otterrà con un tipo di esercito e un nuovo metodo di schieramento.»
[22] «alluvioni».
[23] «serrerebbero».

populi gli negherebbano la obedienzia? quale invidia se gli op-
porrebbe? quale Italiano gli negherebbe l'ossequio? A ognuno
puzza questo barbaro dominio. Pigli, adunque, la illustre casa
vostra questo assunto con quello animo e con quella speranza
che si pigliano le imprese iuste; acciò che, sotto la sua insegna,
e questa patria ne sia nobilitata, e, sotto li sua auspizi, si verifi-
chi quel detto del Petrarca:

> «Virtù contro a furore
> Prenderà l'arme, e fia el combatter corto;[24]
> Ché l'antico valore
> Nell'italici cor non è ancor morto».

[24] «breve» (Petrarca, *Canzoniere*, CXXVIII, «Italia mia», vv. 93-96).

Indice

OSCAR LEGGERE I CLASSICI